KB162790

# 왜
## 수양대군은
### 왕의 자리를
#### 빼앗았을까?

25
역사공화국
한국사법정

교과서 속 역사 이야기, 법정에 서다

수양 대군 vs 성삼문

왜
수양 대군은
왕의 자리를
빼앗았을까?

글 함규진 | 그림 이주한

㈜자음과모음

여러분은 '충성'이라는 말을 아실 겁니다. '충성'이란 누군가에게, 또는 무언가에게 마음을 다하여 충실히 하고, 끝까지 성의를 다하는 정신이죠. 임금이 있었고 신분 제도가 있었던 옛날에는 이 충성이 대단히 중요한 의미를 가졌답니다.

그러면 오늘날은 어떨까요? 충성이란 쓸모없는 정신일까요?

그렇지는 않죠. 나의 가족, 나의 나라, 내가 옳다고 믿는 신념, 이런 것들에 충성을 바치는 자세는 오늘날에도 무척 필요하답니다.

여러분은 우리 역사에서 '충성' 하면 떠오르는 대표적인 인물이 누구인가요? 많이 있겠죠? 시호에도 '충' 자가 들어가는 충무공 이순신 장군, 목숨 바쳐 끝까지 싸운 백제의 명장 계백 장군, 왕제들과 제 목숨을 맞바꾼 신라의 박제상, 망국의 왕에게 목숨으로 절개를 지킨 고려의 정몽주…….

근대에는 안중근 의사나 윤봉길 의사, 그리고 여러 의병장과 독립투사들이 목숨을 바쳐 나라와 민족에 충성을 다했습니다.

또 있지요. 여러분, '사육신'은 어떨까요?

잘 아시죠? 세조가 쫓아낸 단종을 다시 왕으로 모시려다 발각되어 숨겨 간 분들 말이에요. 사육신은 오랫동안 충신의 모범으로 꼽혀 왔답니다.

그런데 여기 딴죽을 거는 사람들도 있어요. 사육신들이 야심 때문에 일을 꾸몄지, 결코 충성스러워서가 아니라는 거죠. 또 설령 충성심 때문이었다고 해도, 단종이 왕위를 잃은 일이 임진왜란이나 일제 침략처럼 나라가 위태로운 일도 아닌데, 모든 것을 걸고 일을 꾸며야만 했는가 하는 주장도 나온답니다.

자, 이렇게 의견이 엇갈리면 어떻게 해야 할까요?

당연히 역사공화국 한국사법정에서 가려야 하겠죠?

그럼, 이제 법정으로 떠나 봅시다. 출발~!

함규진

## 차례

수양 대군은 조카 단종을 몰아내고 스스로 왕이 된다. 그리고 자신을 반대하는 성삼문 등을 제거하고 왕권을 강화하였으며, 나라의 재정 수입을 늘리기 위해 직전법을 실시하고 군사력을 강화하여 국방을 튼튼히 하였다.

| 중학교 | 역사 | VI. 조선의 성립과 발전<br>　1. 조선의 성립<br>　　(2) 통치 체제를 정비하다 |
| --- | --- | --- |

수양 대군이 단종을 몰아내고 1455년 왕위에 오르자 성삼문은 박팽년 등과 함께 단종의 복위를 협의했으나 체포되어 처형당한다. 한편 신숙주는 계유정난에 참여 공신이 되고, 세조가 즉위하자 그를 적극 보좌한다. 왕의 총애를 가장 많이 받은 학자였으나 수양 대군의 왕위 찬탈에 가담하여 후세의 비난을 받게 되었다.

조선에서는 일반적으로 6조에서 의정부에 업무를 보고하면 의정부의 재상들이 이를 심의한 후 국왕의 재가를 얻어 시행하는 제도인 의정부 서사제를 시행하였지만, 태종과 세조 때에는 6조가 의정부를 거치지 않고 자신들의 업무를 곧바로 왕에게 보고하는 6조 직계제를 실시하였다. 이는 재상권보다 왕권이 강하였다는 의미이다.

**고등학교**

**한국사**

II. 고려와 조선의 성립과 발전
　2. 유교 정치의 이상을 꽃피운 조선
　　(1) 민본 이념을 구현하기 위한 통치 체제를 갖추다
　　(2) 사림, 새로운 정치 세력으로 등장하다

훈구 세력은 세조의 즉위에 공을 세운 신하들로, 대를 이어 고위 관직을 독점하면서 권세를 이용하여 농장을 확대해 나갔다.

원고 **수양 대군(세조)**

(1417년~1468년, 재위 기간: 1455년~1468년)

나는 조선 제7대 왕인 세조요! 왕이 되기 전에는 수양 대군이라고 불렸죠. 나는 세종 대왕의 둘째 아들로 나이 어린 조카 단종의 뒤를 이어 왕위에 오른 뒤 아버지에게 부끄럽지 않게 많은 업적을 쌓았다오. 그런데 사육신은 충성스럽다고 길이 청송받는 반면 나는 별로 칭찬해 주지 않으니, 어찌 억울하지 않겠소?

원고 측 변호사 **김딴지**

나, 김딴지 변호사는 역사에 관한 해박한 지식을 가지고 있으며, 잘못된 역사를 바로잡는 데 혼신의 힘을 쏟는 변호사랍니다.

원고 측 증인 **양녕 대군**

나는 태종의 맏아들로 한때 세자를 지냈지만 셋째 충녕에게 양보했어요. 그가 세종 대왕이죠. 그 모든 것은 나라와 백성이 잘 되게 하려는 뜻이었고, 조선의 앞날을 위해 그 뜻을 따르도록 조카인 수양 대군에게도 충고했답니다.

원고 측 증인 **신숙주**

나는 세종 대왕께서 아끼던 신하로 사육신과도 가까운 사이였죠. 그런데 세조를 따랐기 때문에 변절자라는 오명을 얻었어요. 하지만 나도 다 생각이 있었답니다. 단지 부귀영화를 바라고 그랬는 줄 아시면 오해예요.

원고 측 증인 **한명회**

수양 대군의 오른팔로 수양 대군을 왕위에 올리고 왕권을 굳건히 하도록 옆에서 잘 보필한 한명회입니다. 사육신 같은 선비들을 보면 밥맛이 떨어지죠. 실속도 없는 명분을 놓고 평생 따지기만 하는 답답한 사람들이었소.

**피고 성삼문 외 6인(사육신)**

우리는 뜻을 모아 부당하게 왕위에 오른 수양 대군을 제거하고, 참된 임금인 단종을 다시 모시려 목숨을 걸었지요. 그러나 배신자 때문에 실패했으니, 영영 아쉬움을 남기고 말았어요.

**피고 측 변호사 이대로**

역사공화국에서 명변호사로 널리 알려진 이대로입니다. 역사적 진실은 쉽게 변하는 것이 아니라고 생각하는 변호사지요. 여러분, 기존의 역사적 평가에는 다 이유가 있다니까요~!

나는 '큰 호랑이'라는 별명으로 알려졌던 김종서올시다! 문과 무에 모두 뛰어난 그 누구도 감히 나를 무시하지 못했죠! 저 수양 대군이 비겁한 수를 쓰지만 않았어도…….

아마 조선의 임금 중 나처럼 불행했던 사람도 없을 거요. 차라리 왕이 되지 말 것을. 세력다툼 속에서 단 하루도 편안할 날이 없었죠. 나이 어린 탓도 있겠지요. 그래서 아바마마인 문종께서 나를 잘 보필하라고 신신당부하셨다던데…….

나는 세조를 은근히 비난하는 스승의 시를 실록에 실었다가 그만 연산군에게 처형을 당한 사람이랍니다. 이 재판에서 평소에 존경해 온 사육신 선배들을 위해 증언하게 되어 영광으로 생각합니다.

# "이리 오너라! 나는 대조선국 7대 왕,
# 세조이니라!"

김딴지 변호사의 사무실.

늘 시끌벅적한 사무실인데 오늘따라 왠지 조용하다.

이그! 우리의 김딴지 변호사, 책상에 엎드려 자고 있군! 하긴 요즘 사건이 많아서 숨 돌릴 틈도 없긴 했지.

드르렁…… 드르렁…….

그때 갑자기 문을 열고 들어오는 의문의 사나이! 조선 시대 임금의 복장인 **익선관**에 **곤룡포**를 점잖게 차려입은 누군가가 문 앞에 서 있다. 김 변호사가 자는 걸 보고 눈살을 찌푸리던 남자는 잠시 수염을 쓰다듬으며 왔다 갔다 하더니, 이내 헛기침을 한 번 하고 큰 소리로 외쳤다.

"이리 오너라! 이리 오너라!"

하지만 김딴지 변호사는 잠결에 뭐라고 웅얼거리고는
다시 코를 골기 시작했다.

드르렁…… 드르렁…….

"이리…… 오너라! 아, 이리 오라는데도!"

"어, 어, 뭐, 뭐야?"

그제야 황급히 일어난 김딴지 변호사는 주위를 두리번거리다가
성난 표정의 사나이를 놀라 쳐다봤다.

"……누구시죠?"

"아, 손님이 왔으면 차 대접은 못할망정 쿨쿨 자고 있나? 무슨 변

**익선관**
임금이 평상복으로 정무를 볼
때 쓰던 관을 말합니다.

**곤룡포**
임금이 정무를 볼 때 입는 옷
입니다.

호사가 그리 잠기가 어두운가?"

"여보세요, 문 앞에 써 붙인 것 못 보셨어요? '오늘은 휴일입니다'라고 했잖아요!"

"보기야 봤지! 하지만 멀리서 여기까지 몸소 찾아왔는데, 아 그렇구나, 하고 돌아가라는 말인가? 그럴 순 없소."

"……보아하니 조선의 임금이신가 보군요. 그런데 성질이 급하신 걸 보니 살아 계실 때 백성들이 좀 고달프지 않았을까 싶네요. 대체 누구시죠?"

"난, 대조선국 제7대 왕, 세조라는 묘호를 받은 사람이오."

"아, 그 유명한 수양 대군이시군요?"

"뭐요? 버젓이 묘호가 있거늘 왜 즉위 이전의 칭호를 불러? 점점 마음에 안 드는군!"

"실례했습니다. 수양이라는 이름이 더 친숙해서 말이죠. 그나저나 여기까지 어쩐 일이시죠?"

"뭐하러 왔겠소? 당연히 소장을 내려고 왔지!"

"……누구를요?"

"사육신이라고 불리는 그놈들 말이오."

"으음……. 이유가 뭐죠?"

"이유가 뭐겠소? 내가 보위에 오르기까지 여러 가지 일이 있었지만 그것은 부득이한 일이었소. 태조 대왕과 태종 대왕, 그리고 세종 대왕께서 애써 닦아 놓으신 조선이 자칫하면 무너질 위기라, 내가 나서지 않을 수 없었던 거요.

그런데 그 여섯 놈들은 내가 즉위할 때까지만 해도 고분고분하더니 어느새 나를 없앨 음모를 꾸미지 않았겠소! 그런 사람들을 반역자라고 부르는 게 당연하지 않소? 그러나 그들을 오히려 충신이네 뭐네 하면서 받들어 모시고 있으니, 이렇게 억울한 일이 어디 있소? 그래서 재판에 호소하기로 한 거요!"

"음……, 무슨 말인지 알겠습니다. 그러면 보자……, 여러 사람을 상대로 재판을 벌이는 건 또 처음인데……. 그들을 하나씩 조사하고……. 우리 쪽의 논리는……."

"에잉! 뭐가 그리 쫑알쫑알 말이 많소? 이 사건을 맡을 거요, 말 거요? 당장 대답하시오!"

"아이고, 제발 진정하십쇼! 이렇게 성질이 급하신 분이니, 생전에 그런 일을 벌이신 것도 이상하지 않군요! …… 아무튼 이 사건에 흥미가 생기기 시작했습니다. 거기 일단 앉으세요. 그리고 성질 좀 죽이시고, 차근차근 이야기를 해 주십시오. 과거에 어떤 일이 있었는지, 저 사육신이라는 사람들과 그리고 전하의 조카인 단종과 무슨 일이 있었는지!"

세조는 헛기침을 요란스레 해대며 소파에 주저앉았다.

# 수양 대군과 단종

1450년 세종이 눈을 감자, 세종의 맏아들이 제5대 왕의 자리에 오릅니다. 하지만 왕위에 오른 문종은 세종이 집현전 학사들에게 아들과 세손을 부탁할 정도로 연약한 인물이었습니다. 그래서인지 2년여 만에 병으로 죽고 말지요. 문종의 뒤를 이은 문종의 아들은 12세의 나이로 제6대 왕인 단종이 됩니다.

한편 세종의 둘째 아들인 수양 대군은 온유하고 연약했던 형 문종이나 문장과 서예에 뛰어났던 동생 안평 대군과 달리 거침없고 욕망이 강한 인물이었습니다. 원래 수양 대군은 진양 대군이었다고 합니다. 그런데 세종이 이름을 바꾸었지요. 아마도 수양산에서 절개를 지키다 굶어 죽은 백이와 숙제처럼 절개를 지키라는 의미를 담았는지도 모르겠습니다.

역사를 거슬러 단종이 왕이 된 때로 돌아가 보면 단종의 어머니도, 할머니도 일찍 돌아가신 상황이었습니다. 어린 단종을 대신해 나라를 보살펴 줄 대비가 없어 수렴청정도 불가능한 상황이었지요. 문종은 홀로 남게 될 어린 아들을 걱정해 당시 원로대신인 김종서와 황보인 등에게 아들을 부탁하고 눈을 감습니다.

하지만 이 일은 수양 대군을 비롯한 종친의 반발을 불러일으키지요. 왜냐하면 나이 어린 단종 대신 의정부와 6조의 신하들이 나랏일을 맡았기 때문입니다. 수양 대군은 신하들의 권력이 세지면 결국 왕의 힘이 약해질 것을 우려하였지요.

그래서 단종 1년인 1453년, 수양 대군은 김종서와 그를 따르는 신하들을 죽이고 권력을 잡습니다. 이 사건은 계유년에 일어났다고 하여 '계유정난'이라고 부르지요. 이후 수양 대군은 단종에게 권력을 되찾아 주려 한 동생 금성 대군과 많은 신하들까지 죽이게 됩니다. 결국 단종은 1455년 수양 대군에게 왕위를 내놓게 됩니다. 그래서 수양 대군은 조선의 제7대 왕인 세조가 되지요.

조선의 제7대 왕 세조

| | |
|---|---|
| 원고 \| 수양 대군(세조) | 대리인 \| 김딴지 변호사 |
| 피고 \| 성삼문 외 6인(사육신) | 대리인 \| 이대로 변호사 |

## 청구 내용

예부터 나라를 다스리는 임금에게는 특별한 도덕 기준이 적용되고는 했습니다. 나라와 백성을 위해서라면 다소 비도덕적인 일을 하더라도 이해해 주었던 것입니다. 그래서 동생과 처남을 죽인 태종이나 아들을 죽인 영조 등도 오늘날까지 명군으로 불리고 있습니다. 비록 그들이 도덕적으로 문제가 있는 행동을 했어도, 결국 나라와 백성을 잘 이끌었기 때문입니다.

반면 신하의 경우에는 임금에게 충성할 것이 강조되었습니다. 임금이 어리거나 좀 모자란다고 해서 신하들이 멋대로 하다가는 나라의 질서가 무너지기 때문입니다.

이런 경우는 우리 역사 속에서도 무수히 보아 왔습니다. 가까이로는 고려의 멸망이 그렇지 않습니까? 임금은 허수아비로 세워 놓고 몇몇 신하들이 정권을 휘둘렀던 고려 말 정세를 다들 알 것입니다. 그래서 태조가 새로운 나라 조선을 세운 뒤, 선대의 왕들이 나라의 기틀을 튼튼히 만들기 위해 많은 노력을 해왔습니다. 그런 나라를 나이 어린 임금을 보필한다는 명목으로 권력을 잡고 휘두르려고 하는 것을 보고만 있을 수 없었습니다. 그래서 나라를 다스리는 데 힘겨워하는 조카 단종으로부터 왕위를 선위 받았던 것입니다.

그런데 이른바 사육신이라 하는 사람들은 누구입니까? 임금인 나 세조를 없애려던 역적들이 아닙니까? 물러난 단종을 위해서라지만, 이들도 분명 단종이 물러나는 과정을 지켜보았으며, 그 과정에서 반대를 하기는커녕 오히려 공을 인정받았습니다. 그런데 자신들의 야심을 위해 파렴치한 역모를 꾀하다가 발각되어 정당한 처벌을 받은 것입니다.

그러나 이들은 사육신이라는 이름으로 충신의 모범인 것처럼 대대로 추앙 받고, 나 세조는 야심 때문에 조카를 몰아냈을 뿐 아니라 충신들을 없앤 폭군인 것처럼 평가되고 있습니다. 왕위에 오른 후 나라와 백성의 삶을 발전시키기 위해 애쓴 나의 공적에 대한 평가 없이 왕위 계승 과정만을 문제화하는 것은 공정한 시각이라고 볼 수가 없습니다. 따라서 이 법정에서 잘잘못을 명확히 가려 주시기를 부탁드립니다.

## 입증 자료

- 중학교 역사 교과서
- 고등학교 한국사 교과서
  그 외 자료 추후 제출하겠음.

위 청구인 세조 (인)
역사공화국 한국사법정 귀중

# 수양 대군은 왜
# 계유정난을 일으켰을까?

1. 누가 조선의 충신이었을까?
2. 계유정난은 어떻게 진행되었을까?

교과 연계

역사
Ⅵ. 조선의 성립과 발전
　1. 조선의 성립
　　(2) 통치 체제를 정비하다

# 1

## 누가
## 조선의 충신이었을까?

"저기 좀 봐! 오늘 법정 모습은 참 신기하네."

"네? 아, 그렇네요."

"한 사람이 앉아 있어야 할 피고석에 자그만치 일곱 명이나 앉아 있네. 간이 의자를 여러 개 가져와서 옹기종기, 엉덩이를 엉거주춤 붙이고들 앉아 있는 모습이……. 참, 한국사법정에서 이런 건 또 처음 보는데……."

"아닌 게 아니라, 독특하긴 하군요. 일곱 명의 피고라……. 뭐, 고소 대상이 사육신이다 보니, 누구 한 사람만 피고석에 앉히기는 조금 그러니까, 일곱 명을 모두……. 엥? 그러고 보니, 사육신이면 여섯 명이어야 할 텐데, 왜 일곱 명이지?"

수양 대군이 사육신을 상대로 한 재판을 보기 위해 몰려든 방청객

들은 다른 때와 달리 피고석에 일곱 명이 앉아 있는 광경이 신기한지 수군거렸다.

　법정 서기의 우렁찬 소리에 다들 자리에서 일어섰고, 공정한 판사가 준엄한 표정으로 걸어 들어왔다.


**판사**　자, 지금부터 오늘의 재판을 시작하겠습니다. 원고 측 변호인, 오늘의 사건은 어떤 내용인지 설명해 주시기 바랍니다.

**김딴지 변호사**　네, 판사님. 조선 제7대 임금으로 세종 대왕의 아드님 되시고, 단종 임금의 숙부가 되시는 세조, 한때 수양 대군이라고 불린 분이 오늘의 원고가 되십니다. 그분이 보통 사육신이라 불리는 성삼문, 박팽년 등을 고소했습니다.

**판사**　왜 고소를 했지요?

**김딴지 변호사**　저 사육신이라는 사람들은 흔히 알려진 것처럼 그렇게 충성스러운 신하가 아님에도 분에 넘치게 칭송을 받고 있고, 그런 만큼 원고는 나쁘게 평가받고 있습니다. 이를 바로잡기 위해서입니다.

**판사**　사실 충성스러운 신하 하면 곧 사육신, 즉 목숨을 바쳐서 충성을 다한 여섯 사람의 신하, 이렇게들 알고 있지요. 그런데 사실은 그렇지 않다는 건가요? 과연 그러한지, 지켜보기로 합시다.

　……그런데 계속 신경이 쓰여 못 견디겠네요. 이대로 변호사, 분명 사육신인데, 왜 피고석에 일곱 분이 앉아 계시는 겁니까?

**이대로 변호사**　아, 네……. 그게 사실은…….


　왜 수양 대군은 왕의 자리를 빼앗았을까?

**김딴지 변호사**　　판사님! 그게 정말 웃기지 뭡니까? 사육신 어쩌고 하지만 정작 누가 사육신인지도 분명하지 않으니…….

**판사**　　죄송하지만 질문은 이 변호사에게 했습니다. 이는 피고 측에 관련된 일이니 김 변호사는 자제해 주세요.

　김딴지 변호사가 머쓱해하자 이대로 변호사는 그를 한번 흘겨보고는 이야기를 시작했다.

**이대로 변호사**　　잘 아시다시피, 사육신이란 저기 앉아 있는 원고가 어린 조카인 단종 임금을 위협하여 왕위를 빼앗은 것을 바로잡고자 하다가 그만 발각되어 모진 고문 끝에 돌아가신 충신들을 이르는 말입니다.

　그런데 사실 당시 모의에 참여한 사람이 여섯 사람만은 아니었고, 목숨을 잃은 사람도 여섯 명에 그치지 않았습니다. 당시 열일곱 명이 모의 대상자로 지목받았으며, 드러나지 않은 참여자는 훨씬 더 많습니다. 처형당한 사람은 성삼문, 이개, 하위지, 성승, 유응부, 권자신, 김문기, 윤영손, 박중림, 박쟁, 송석동, 이오, 석을중 열세 명에 그들의 자식들까지 연좌되었으니 수십 명에 이릅니다.

　그들 말고도 박팽년은 감옥에서 죽었고, 유성원과 허조는 자살했습니다. 열일곱 명 중 유일한 생존자는 김질인데, 그는 동지들을 배반하고 모의를 고해바친 대가로 죽음을 면했을 뿐 아니라 높은 관직을 얻고 부귀영화를 누릴 수 있었죠. 아무튼 사건 당시에는 사육신

이라는 말은 없었습니다.

**판사**　　그러면 왜 사육신이라고 하는 것이죠?

**이대로 변호사**　　아무래도 모의를 주도한 사람과 따라만 간 사람이 있지 않았겠습니까? 성삼문 등이 처형당한 때는 1456년이었는데, '사육신'이라는 말은 1577년에 나온 **남효온**의 『추강집』이라는 문집에서 처음 사용한 단어입니다. 남효온은 단종이 임금 지위를 잃자 역시 **격하**된 단종의 모후, 현덕 왕후의 명예를 회복하자는 주장을 펼쳤다가 탄압을 받은 사람인데요. 『추강집』 속의 「육신전(六臣傳)」에서 성삼문, 박팽년, 이개, 하위지, 유응부, 유성원 여섯 사람을 당시의 주모자로 꼽았습니다. 이후 사육신이라는 말이 널리 쓰이게 되었고, 남효온도 원호, 김시습, 이맹전, 성담수, 조여와 함께 '생육신'으로 불리게 됩니다. 목숨을 잃지는 않았으나 살면서 내내 단종에 대한 의리를 지켰다는 뜻이죠.

**판사**　　음, 그렇군요. 그러면 대체 왜 저기 일곱 사람이 앉아 있는 것입니까?

**이대로 변호사**　　그게…… 모의에 참여해 처형된 사람이 더 있다 보니 사육신 말고도 추앙받을 사람이 더 있지 않겠느냐는 이야기가 있었습니다. 그러다가 1977년에 국사편찬위원회에서 사육신에서 **빠진** 김문기가 오히려 다른 사람보다 꿋꿋한 모습을 보였다며, 유응부 대신 김문기를 넣어서 새로 사육신을 발표했습니다.

　　그래서 그 발표를 두고 시끄러운 잡음이 끊이지 않는 게 사실이지

**남효온**
조선 전기(1454년~1492년)의 문신으로 생육신 중에 한 사람입니다. 『추강집』은 선조 10년(1577년)에 외증손 유홍에 의해 간행되었지요.

**격하**
자격이나 지위 등이 낮아지는 것을 말합니다.

요……. 오늘 재판에서도 과연 누가 사육신인지가 확실치 않은 부분이 있어, 일곱 분 모두 피고석에 앉히게 되었습니다.

**판사** 흐음……! 아무리 주모자와 그렇지 않은 사람이 있다 해도, 다 같이 목숨을 잃었는데 차라리 '사십육신(死十六臣)'이라 할 것이지, 사람을 누군 빼고 누군 넣고 할 필요가 있을까요? 오늘의 재판과는 별도로 '과연 누가 사육신이냐' 하는 재판을 열어야 할까 봅니다.

**김딴지 변호사** 제 말이 바로 그겁니다!

이대로 변호사의 얼굴이 붉으락푸르락해지고, 판사는 김딴지 변호사에게 다시 주의를 주었다. 하지만 김딴지 변호사는 판사의 말에 아랑곳하지 않고 유쾌해 보였다.

**판사** 아무튼 오늘 재판은 이 문제와 직접 관련은 없으니, 이쯤에서 본격적으로 재판을 시작하도록 합시다. 먼저 원고 측에서 재판에 임하는 입장을 간단히 말씀해 주시지요.

**김딴지 변호사** 네. 그러면 판사님! 저와 저기 이 변호사와 재판을 진행하신 지 꽤 되죠?

**판사** ……그거야, 그렇죠. 이 자리에서 많이 만났죠. 그런데 왜 갑자기 그런 말씀을?

**김딴지 변호사** 그때마다 판사님은 제가 이기게 하지는 않으셨죠?

**판사** 대체……? 물론 원고 쪽이 지신 적도 여러 번 되지요.

김딴지 변호사의 말에 법정 안이 온통 술렁술렁했다. 판사는 눈살을 찌푸리고 고개를 뒤로 젖혔다.

**판사**　　지금 대체 뭐하자는 것인가요? 재판에 임하는 입장을 말하랬더니만 이 무슨 말을 하려는 겁니까? 그동안 억울한 게 있으실지도 모르지만 저는 판사로서 소신 있게 재판을 진행해 왔습니다. 배심원분들도 그렇고요. 우리는 각자 맡은 역할에 충실했다고 봅니다!

**김딴지 변호사**　　네, 맞습니다! 바로 그런 문제입니다!

**판사**　　……네? 대체 무슨 얘긴지…….

**김딴지 변호사**　　판사는 판사, 변호사는 변호사, 배심원은 배심원! 그 본분에 맞게 일해야 하고, 본분을 잊어버리면 모두 엉망이 되고 말겠죠! ……그것이 바로 오늘 재판의 요점입니다.

　　저기 올망졸망 앉아 있는 사육신인지, 사칠신인지 하는 분들은 엄연히 원고를 모시는 신하였습니다. 그런데도 이미 자리에서 물러난 사람을 위한답시고 역적모의를 했습니다. 신하들 마음대로 임금을 올리고 내리고 하려 했던 것이죠. 이것이 어찌 본분을 잊어버린 게 아니겠습니까?

　　따라서 그들이 처형을 면치 못했던 것은 당연한 결과입니다. 그러나 나중에 가서 그들이 충신이니 뭐니 하면서 사건의 본질을 오도하고, 제 의뢰인인 원고는 악이고 사육신은 선인 것처럼 꾸며진 것입니다. 그것은 엄연히 부당한 역사 왜곡입니다! 따라서 우리는 여기 이 자리에서 판사님과 배심원 여러분의 정의로운 심판을 기다리고 있는 것입니다. 이상입니다.

**판사**　으음……. 그게 그런 이야기였나요? 거참, 언제나 느끼는 거지만 김 변호사는 참 엉뚱하시군요. 아무튼 원고의 입장을 잘 들었습니다. 이번에는 피고 측 변호인, 말씀하세요.

**이대로 변호사**　하! 하! 하! 하! 하!

**판사**　이대로 변호사?

**이대로 변호사**　하! 하! 하! 하! 하! 정말 기가 차서!

**판사**　이거, 오늘 왜들 이러세요?

**이대로 변호사**　판사님, 죄송합니다. 하지만 김 변호사께서 하도 웃기시니, 뭐라고 말을 못하겠고 웃음만 나네요! 하하하! 정말 웃다가 죽을 지경입니다! 개그맨 하셔도 되겠어요!

　김 변호사가 지적하신 그 문제는 다름 아닌 저기 떡하니 앉아 계신 원고에게 들려드릴 이야기입니다. 신하는 신하의 본분을 잃지 말아야 하고, 멋대로 임금을 바꾸어서는 안 된다는 것, 과연 누구 이야기일까요? 바로 수양 대군 나리 이야기 아닙니까! 형님 되시는 문종으로부터 어린 조카를 부탁받고서, 권력에 눈이 어두워 강제로 임금 자리를 빼앗으셨죠! 피고 사육신은 그 악행을 바로잡으려 애썼을 뿐입니다. 누가 누구를 비난합니까?

　방청석의 몇몇 사람이 "옳소!"라고 외치며 박수를 보냈다. 하지만 김딴지 변호사는 눈도 깜짝하지 않은 채 유유히 법정의 중앙으로 걸어 나왔다.

**김딴지 변호사** 　그것이야말로 역사를 너무 단순하게 보시는 겁니다! 판사님, 피고 측이 괜찮다면 방금 나온 문제에 대한 변론부터 시작하고 싶습니다만.

판사는 이대로 변호사의 확인을 거쳐, 김딴지 변호사에게 변론을 허락했다.

**김딴지 변호사** 　수양 대군, 아니 세조께서 왕위에 오르는 과정이 그다지 순탄치 못했다는 것은 사실입니다. 예, 다툼이 있었고, 피도 흘렸지요. 하지만 그 상황은 나중에 저 사육신들이 음모를 꾸밀 때의 상황과는 전혀 다릅니다!

단종 임금께서 옥좌에 계실 때는 왕조의 위기, 국가의 위기 상황이었습니다. 그 위기를 극복하려면 강력한 리더십이 필요했고, 열두 살짜리 어린 임금이 나라를 이끌어 가기에는 힘이 부쳤죠. 게다가 옥좌를 둘러싸고 세력 다툼과 음모가 끊이지 않았기 때문에 정치 불안을 빠르게 해소하고 조정의 권위를 바로 세울 인물이 절실히 필요했습니다.

▶그래서 원고는 1453년에 '계유정난'을 일으켜 단종을 내세워 권력을 탐하던 무리를 물리쳤고, 이어서 단종의 양보를 받아 옥좌에 오른 겁니다. 그런데 이로써 가까스로 안정되던 나라를 몇몇 사람들이 알량한 명분론을 앞세워 다시금 혼란에 빠뜨리려 했던 것이죠! 그러면 당시의 시대

상을 자세히 알아보기 위해 증인을 신청하는 바입니다.

**판사** 좋습니다. 누구입니까?

**김딴지 변호사** 태종 대왕의 장남 되시고, 세종 대왕의 형님이셨던 양녕 대군을 모시겠습니다.

관복을 차려입고 나이가 지긋한 양녕 대군이 증인석 앞으로 걸어 나왔다. 양녕 대군은 판사 앞에서 굳은 표정으로 선서를 하고는 자리에 앉았다.

**김딴지 변호사** 양녕 대군님, 이렇게 나와 주셔서 감사합니다.

**양녕 대군** 어흠! 오오, 뭘…….

**김딴지 변호사** 대군께서 어떤 분이신지 모르는 사람은 없겠지만, 그래도 형식상 질문드려 봅니다. 대군께서는 할아버지 되시는 태조께서 조선을 세우신 지 2년 만인 1394년에 태종 대왕의 장남으로 태어나셨지요?

**양녕 대군** 그렇소. 엄격히 말하자면 넷째였지만……. 내 앞으로 형님이 세 분 계셨는데, 모두 젖도 뗄까 말까 하던 때 돌아가시고 말았소. 옛날에는 어린애가 태어나서 일찍 죽는 일이 그렇게 흔했답니다. 그래도 자꾸 그런 일이 생기니까, 어른들이 애가 타셔서 나만은 살려 보려고 한시도 눈을 떼지 않으며 고이고이 기르셨다고 해요.

**김딴지 변호사** 그렇게 사랑을 많이 받으셨고, 당연하게 세자가 되셨지요.

세제
왕의 뒤를 이을 왕의 아우를 말
합니다.

쿠데타
무력으로 정권을 빼앗는 일을
일컫는 말입니다.

반석
넓고 평평한 돌로 사상이나 기
틀이 견고하게 확립된 것을 비
유적으로 나타낸 말입니다.

**양녕 대군** 그렇소. 조선 최초의 세자인 의안 대군 이방석은 아시다시피 철부지 막내였으므로 부왕이신 태종께서 정당치 못하다 보시어 폐위시켰고, 부왕 당신께서도 잠시 정종 임금의 세자로 불렸으나 정확히는 세제(世弟)라 해야 할 것이니, 사실상 제대로 된 절차에 따라 임금의 맏아들로서 세자가 된 경우는 내가 조선 최초라고 할 수 있을 거요.

**김딴지 변호사** 그렇게 세자가 되어 다음 왕위를 예약하고 계셨는데도, 어째서 왕이 되지 못하셨나요?

**양녕 대군** 그것은……, 방금 이야기한 의안 대군 이방석의 경우와 어쩌면 비슷하다고 할까? 장자 상속이라는 명분에 어긋나는 한이 있어도, 능력 있는 사람이 왕위에 올라야 한다는 것 말이오. 물론 이방석은 막내였으니 명분에도 맞지 않았지만……. 무엇보다 이제 막 세운 왕조를 튼튼하게 지키고 발전시켜 나갈 재목이 되지 못했다는 게 문제였소. 그래서 부왕 태종께서는 쿠데타를 일으키고 형제의 목숨을 앗으셨지만 "조상에게 부끄러움이 없다"고 말씀하셨지요.

그리고 태종께서는 재위에 계신 동안 조선을 반석 위에 올려놓으심으로써 스스로 권력만을 탐한 소인배가 아님을 증명하신 거죠. 그러고 나서 후계자를 생각해 보니, 나나 둘째 효령 대군보다는 셋째인 충녕 대군이 더 적임자라고 판단하셨던 겁니다.

부왕께서도 인간적으로는 고민이 많으셨을 겁니다. 나는 누가 뭐래도 가장 사랑하셨던 맏아들이었고, 장자 상속의 명분도 있었으니

까요. 하지만 결국 나라와 백성을 위해서 결단을 내리신 거죠. 그 덕
분에 오늘날까지 칭송을 받는 역사상 최대의 명군으로 기억되는 세
종 대왕을 낳을 수 있었고, 나는 무거운 책임을 벗고 왕의 형님으로서
마음 편히 살 수 있었죠……. 그래서 오래 산 지도 모르겠소. 헛헛헛.

**김딴지 변호사**     아, 그랬군요……. 사랑하는 맏아들에게 왕위를 물
려주고 싶지만 나라와 백성을 생각해서 괴로워하는 태종 대왕의 마
음이 느껴지는 것 같습니다……. 대군께서도 마음고생이 심하셨겠
어요.

**양녕 대군**    뭐, 다 내가 모자란 탓이니…….

**김딴지 변호사**    그러면 말이죠. 지금 말씀하신 이야기와 단종에서 세조로 임금 자리가 바뀔 때의 상황 사이에는 뭔가 비슷한 점이 없을까요?

**양녕 대군**    왜 없겠소? 비슷한 정도가 아니라 똑같은 상황이라 할 수 있소. 능력 있는 사람이 임금이 되기 위해, 어느 정도 명분과 인정에 어긋나는 일이 있었던 것뿐이오. 나는 당시까지 살아서 일의 진행 과정을 지켜보았을 뿐 아니라, 그렇게 되도록 힘을 보탠 사람이라오.

**김딴지 변호사**    오! 대군께서 힘을 보태셨다고요?

**양녕 대군**    그렇소. 생각해 보면 내 아우인 세종은 참으로 성군이었지만, 역시 사람인지라 실수를 한 게 있어요. 바로 저기 앉아 있는 수양 대군, 즉 세조에게 왕위를 물려주지 않고 병약한 문종을 후계자로 삼은 거지요.

물론 문종은 세종 못지않게 학문을 좋아하는 사람으로 성군의 자질은 있었지만, 지나치게 병약했다는 게 문제였소. 왕위에 오른 지 2년 만에 덜컥 세상을 떠나니, 아무것도 모르는 열두 살 철부지가 왕위를 이어받지 않았습니까? 그에 비하면 수양 대군은 문(文)과 무(武)를 모두 갖추었고 보기 드문 영웅의 기상을 가진 사람이었어요. 그러니 세종이 정말 태종 대왕의 마음을 헤아렸더라면, 미리 수양 대군에게 왕위를 물려주었더라면, 뒷날 그런 파란이 일지 않았을 것을…….

**김딴지 변호사** 음, 듣고 보니 정말 그렇군요. 하지만 열두 살짜리가 왕이 되었다고 해서 그것이 그렇게 심각한 문제인가요? 역사적으로 보면 어린 임금도 많지 않았습니까?

**양녕 대군** 나라가 안정을 찾은 태평한 시대였다면 별로 문제될 게 없었겠죠. 하지만 당시는 조선이 세워진 지 겨우 60년밖에 안 되었을 때요. 아직도 고려에 충성하는 무리들이 있고, 새로운 법률과 제도도 완전히 정착되지 않은 채였지요.

또한 국제 정세도 문제였지요. ▶잘 아시듯 세종 때 4군 6진을 개척하지 않습니까? 그런데 이게 우리 입장에서는 영토를 넓힌 쾌거이지만 여진족들 입장에서는 자신들의 땅을 빼앗고 동족을 죽인 일이란 말이죠. 그래서 그치지 않고 침략과 노략질이 되풀이되고 있었소. 그들을 막기 위해 북방의 유력자에게 힘을 실어 주다 보니 나중에 반란을 일으킨 이시애처럼 북방에서 왕 노릇을 하다시피 하는 자들도 있었죠.

이렇게 안팎으로 불안한 상황에서 철모르는 코흘리개가 임금이 되었으니……, 어찌 나라가 위태롭지 않겠습니까? 김종서와 문신이던 황보인 같은 늙은 대신들은 어린 임금을 보좌한답시고 강력한 당파를 만들어 임금 못지않은 세도를 부리고 있고……. 그야말로 태조와 태종, 그리고 세종이 목숨을 걸고 세운 왕조가 무너지기 일보 직전의 상황이었단 말이오.

**김딴지 변호사** 으음…….

▶ 조선은 영토를 안정적으로 확보하고 국경 지방을 보호하기 위해 여진족에 대해 외교 정책을 펼쳤습니다. 이리하여 태조 때에 일찍부터 두만강 지역이 개척되었으며, 세종 때에는 4군과 6진을 설치하였지요. 이에 따라 압록강과 두만강을 경계로 하는 오늘날과 같은 국경선이 확정되었습니다.

**양녕 대군**　　그것은 도저히 용납할 수 없는 일이었죠. 어떻게 세우고, 어떻게 지켜온 왕조인데! 그래서 나는 수양 조카를 설득했습니다. 비상 수단을 써서 나라를 안정시킬 수밖에 없다고……. 그렇게 해서 '계유정난'이 일어났고, 이를 통해 김종서 등의 간신들이 사라지게 된 것이오.

하지만 안평 대군, 금성 대군 등이 수양의 뜻을 이해하지 못하고 옥좌를 노린 음모를 거듭했어요……. 왕위를 물려준 단종도 저 사육신 같은 무리들이 권력을 잡기 위한 간판으로 삼으려 드니, 그대로 둘 수가 없었죠.

그래요. 그때 저 수양은 나 앞에서 울었소. 도저히 친형제인 안평이나 친조카인 단종을 처단할 수는 없다면서. 그런 짓을 하면 자신이 짐승이나 다르지 않을 거라면서…….

하지만 나는 그때 저 사람의 어깨를 부둥켜안으며 말했소. 그 눈물이야말로 태종께서 동생들을 없애실 때, 맏아들을 세자에서 폐하실 때 흘린 눈물이라고……! 임금의 자리에 있는 이상 때로는 짐승 같은 일이라도 하지 않으면 안 된다고! 그것이 나라와 백성을 위한 임금의 도리라고 말이오.

그러자 저 사람은 한동안 목 놓아 울더니 그러더군요. "알겠습니다. 숙부님! 저는 이제 짐승이 되겠습니다. 저 한 몸 짐승이 되어 이 나라를 안정시키겠습니다!"

자못 비통하게 이어지는 양녕 대군의 말에 방청석도 숙연해졌다.

원고석의 수양 대군도 고개를 숙이고는 슬픈 얼굴로 한숨을 내쉬었다.

**김딴지 변호사**　아아, 정말 가슴 아픈 말씀이 아닐 수 없습니다. 하지만 이로써 모든 게 분명해졌다고 여겨집니다. 세조 대왕의 쿠데타와 단종의 폐위, 그리고 사육신 등의 처단은 모두가 나라와 백성을 위한 고뇌에 찬 결단의 산물이었던 것입니다! 그 큰 뜻을 모르고 겉만 들여다보면 인륜을 어긴 악행처럼 보이지만, 사실은 참으로 고귀한 마음씨와 의지였던 것이죠! 그러면 이상으로 질문을 마치겠습니다. 양녕 대군님, 진심으로 감사드립니다. 수고하셨습니다.

**판사**　피고 측에서는 질문이 없습니까?

**이대로 변호사**　없을 리가 있겠습니까? 처음 뵙습니다, 양녕 대군님.

**양녕 대군**　아, 네.

**이대로 변호사**　가만히 듣고 있자니, 아주 그럴싸한 말씀을 하시더군요! 사리사욕이 아닌 구국의 결단이라……. 좋습니다. 하지만 저는 한 가지 의문이 드는군요. 저의 의문을 풀어 주시겠습니까?

**양녕 대군**　저런, 그게 무엇이지요?

**이대로 변호사**　태종 임금이 능력 때문에 세자를 바꾼 것이라면, 왜 처음부터 충녕 대군을 세자로 세우지 않았을까요?

**양녕 대군**　허허허……. 변호사 양반! 내가 세자에 책봉될 때 내 나이 겨우 열한 살이었소! 충녕은 일곱 살이었고요. 그 나이에 무슨 능력이 제대로 드러나겠소?

**이대로 변호사**　그렇죠? 바로 그게 문제라는 겁니다.

**양녕 대군**　……?

**이대로 변호사**　애초에 세자라는 것을 세우는 까닭이 무엇이죠?

**양녕 대군**　그거야……, 만약 임금에게 무슨 변이라도 생겨서 갑자기 임금 자리가 비게 되면 큰 혼란이 일어나지 않겠습니까? 그럴 때를 대비해 다음에 왕이 될 사람을 미리 정해 두는 거요. 미리부터 임금 수업을 해 두라는 뜻도 있고요.

**이대로 변호사**　그렇군요. 그렇다면 앞뒤가 맞지 않네요? 아까는 단종 임금께서 열두 살밖에 안 되셨으므로 왕 노릇을 하기에 부족했다고 하시지 않았습니까? 그런데 만약에 양녕 대군께서 세자가 되시자마자 태종 임금이 변을 당했다면, 대군은 곧바로 다음 임금으로 즉위했겠지요. 그러면 역시 열한 살짜리 임금을 믿을 수 없다고 해서 다른 누군가가 쿠데타를 일으켜 대신 왕이 되었어도 할 말이 없는 것 아닙니까?

**양녕 대군**　으……음.

**이대로 변호사**　그런 식으로 세자의 나이가 어릴 경우 왕으로 인정받기 어렵다면, 또는 정해진 세자 자리보다 사람의 능력이 우선이라면 애초에 세자라는 것을 세울 필요가 없겠죠. 있으나 마나 한 자리니까요. 안 그렇습니까?

**양녕 대군**　…….

**이대로 변호사**　사실 방금 말씀하신 대로, 세자를 따로 두는 것은 정권이 한 임금에서 다른 임금으로 옮겨 가는 과정에서 불안을 없애기 위해서인 게 맞습니다. 몽골이나 여진족 등은 세자를 따로 세우

　왜 수양 대군은 왕의 자리를 빼앗았을까?

지 않고 왕이 죽으면 왕족 회의를 열어서 다음 왕을 뽑았다는군요. 하지만 그렇게 하면 이른바 무능력자가 임금이 되는 일은 적어져도, 서로 임금을 하겠다고 다투는 바람에 싸움이 끊이지 않고, 암살이나 쿠데타가 이어지겠죠. 그런 불안이 없게끔 세자를 미리 세워 두는 거고요.

곡해
본래의 뜻과는 달리 좋지 않게 이해하는 것을 말하지요.

하지만 그것은 세자의 자리를 모두가 인정하고 승복한다는 것을 전제로 합니다. 세자를, 또는 정식으로 왕위를 계승한 사람을 인정하지 않고 음모를 꾸미며 왕위 다툼을 벌인다면 세자 제도는 아무 짝에도 쓸모없게 되는 거죠! 그게 바로 수양 대군이 벌인 일입니다. 대군께서는 바로 그런 일을 부추기신 거고요. 아닙니까?

**양녕 대군**　으으음……! 좀 상황을 곡해(曲解)하는 듯한데……. 설명하기 어렵지만, 나와 수양은 어디까지나 나라와 백성을 생각해서……. 그리고 그 당시 상황에서는 그게 최선이었소. 왕실의 어른으로서 임금을 허수아비로 만들어 버리는 꼴을 두고 볼 수 없었소.

**이대로 변호사**　그거야, 어떤 마음으로 일을 벌이셨는지는 제가 신이 아닌 이상 꿰뚫어 볼 수는 없겠지요. 하지만 앞뒤를 따져볼 때 아무래도 그렇게 순수한 마음이 아니셨던 것 같거든요?

**양녕 대군**　무슨 말씀이오?

**이대로 변호사**　조금 전 듣다 보니 증인께서 세자 자리에서 물러나실 때 이야기를 천연스레 왜곡하시더군요. 증인은 아무 문제도 없는데 단지 왕으로서의 능력이 충녕 대군보다 좀 떨어져서 교체되었다……. 이런 식인데, 어디 그랬습니까? 증인께서 온갖 망나니 짓을 하고 다니시니까, 태종께서 참고 참던 끝에 세자 자리에서 내쫓으신 게 아닌가요?

"양녕 대군이 망나니 짓을 저질렀다고?"
이대로 변호사의 말이 끝나자, 방청석에서 웅성거리기 시작했다. 김딴지 변호사는 황급히 양녕 대군의 눈치를 살피고, 양녕 대군은 짐짓 태연한 척했지만 얼굴빛이 붉어지며 당황한 기색이 역력했다. 김딴지 변호사가 서둘러 말을 하려 하자, 이대로 변호사가 두툼한 서류 뭉치를 펼쳐 들었다.

**이대로 변호사**　어디 봅시다. 여기 낱낱이 다 나와 있네요. 글공부는 하지 않고 몰래 궁궐 담을 넘어 다니며 술주정에 여자 건드리기……. 끝내는 남편이 있는 여자를 강제로 빼앗았다가, 세자에서 폐위되고……. 어이구, 세종이 즉위하신 다음에도 여전하셨네요? 1397년, 그러니까 세종 1년 12월, 지정된 처소에서 달아나 판광주 목사 문계종의 첩을 강탈하려 시도. 세종 2년 8월, 남의 밭을 강제로 빼앗음. 세종 4년 10월, 남의 개를 훔침. 세종 4년 11월, 마을 사람을 위협해서 집 짓는 일에 부려 먹고는 지나치게 술을 먹여 끝내 목숨을 잃게 함…….
**양녕 대군**　이 천하의 고연 놈! 감히 누구 앞에서 막말을 하는 게냐!

양녕 대군이 벽력같이 소리를 지르며 탁자를 '쾅' 하고 내리쳤다.

　왜 수양 대군은 왕의 자리를 빼앗았을까?

재판정의 모든 사람이 화들짝 놀랐다. 점잖아 보이던 모습은 온데간 데없고, 양녕 대군의 부릅뜬 눈과 홍시처럼 붉어진 얼굴은 무시무시 한 분노로 이글거리고 있었다.

**판사**    증인! 생전에 아무리 높은 지위를 가진 사람이었더라도, 여 기 한국사법정에서는 원고, 피고, 증인일 따름이오. 왕이나 황제였다 해도 이 자리에 오면 공손히 해야 하는 것이오! 지금 피고의 언동은 법정모독죄가 될 수 있음을 아시오!

**김딴지 변호사**    ……증인을 대신해서 사과드립니다. 하지만 이것은 피고 측에게도 잘못이 있습니다. 이 자리에서 증인의 사적인 행동을 낱낱이 꼬집어 밝히는 것은 인신공격이라 볼 수 있으며, 대체 무슨 까닭으로 그러는지 되묻고 싶습니다.

**이대로 변호사**　　까닭이야 있지요. 지금 여러분이 똑똑히 보신 것처럼, 증인은 성격이 괄괄하고 성급한 사람이었습니다. 태종과 세종이 그토록 걱정하고 타이르는데도 잡스러운 행동을 그치지 않았지요. 그리고 거꾸로 세종에게 '형이 하는 일에 왜 그리 잔소리가 많으냐? 원래 네가 앉은 자리가 누가 앉을 자리였더냐?'며 오만불손한 편지를 보낸 적도 있습니다.

**양녕 대군**　　새빨간 거짓말이오!

**이대로 변호사**　　▶거짓말이라고요? '양녕 대군이 주상께 무례한 편지를 보내어 조정이 극형으로 다스려야 한다며 한동안 난리가 났다'는 내용이 『조선왕조실록』에 몇 차례나 나옵니다! 그때마다 세종이 덮고 넘어갔기에 끝까지 별일은 없었지만. 아무튼 증인은 세종에게 서운함, 질투, 부러움, 뭐 그런 것들이 계속 남아 있었을 것입니다.

　　그래서 세종과 문종이 모두 돌아가시고 세종의 어린 손자가 왕위에 오르자, 기회는 이때다 했던 것이죠. 미운 동생, 왕위를 빼앗아 간 동생의 집안에 피바람을 일으켜, 나름 복수를 할 기회 말입니다. 그래서 수양 대군을 부추긴 게 아니었습니까? '형제를 죽여라, 조카를 죽여라' 하고?

**양녕 대군**　　……천지신명이시여! 내가 아무리 죄 많은 사람이기로, 이런 소리까지 들어야 하다니……. 오오……!

양녕 대군은 자리에 무너지듯 주저앉아서 고개를 절레절레 흔들고, 방청석은 시끌시끌해졌다.

**김딴지 변호사**    판사님! 지금 피고 측은 순전히 상상에 따라 증인을 부당하게 협박, 모욕하고 있습니다. 이런 일을 참고 보아야 합니까?
**판사**    ……인정합니다. 피고 측은 사실에 근거한 이야기만 하십시오. 그리고 법정 분위기가 너무 격해졌으니, 특별히 더 질문할 내용이 없다면 그만 증인을 물러가게 하는 것이 어떨지요?
**이대로 변호사**    네, 그렇게 하지요. 현명하신 배심원과 방청객 여러분은 이미 진실을 아실 만큼 아셨다고 믿습니다. 그만하겠습니다.

양녕 대군은 법정 경비원들의 부축 속에 괴로운 신음을 뱉으며 터덜터덜 걸어 나갔다. 이대로 변호사가 자신만만한 태도로 앞으로 나서며 다시 말을 이었다.

# 조선 왕들의 역사를 기록한
## 『조선왕조실록』

조선은 건국 초기부터 왕조의 정통성을 밝히고 유교 문화를 널리 보급해 질서를 확립하고자 역사서를 편찬하였습니다. 왕이 죽은 후, 한 왕 대의 역사를 후대에 남기기 위해 기록한 실록은 조선 시대 태조 때부터 철종에 이르기까지 25대 472년간의 역사를 총 1893권 888책에 수록하고 있습니다. 특히 1925년, 일본 총독부에 의해 편찬된 『고종실록』과 『순종실록』을 합치면 그 수는 더욱 늘어나지요.

이러한 『조선왕조실록』은 당시의 정치·경제·사회·문화·사상·군사·외교 등의 사실이 기록돼 있는데, 실록은 국책 사업의 하나로 편찬되어 왕조차도 볼 수 없을 정도로 비밀스럽게 기록되었으며 보관도 소중히 이루어졌습니다. 특히 실록은 종이로 만들어졌기 때문에 화재나 전란 등으로 소실될 위험이 많아 곳곳에 '사고'라는 곳을 만들어 보관했습니다.

이러한 실록은 일본을 비롯한 중국·베트남 등 동아시아 어느 나라의 실록과 비교해도 내용적으로 훌륭하다는 평가를 받고 있습니다. 이것은 '실록은 후계한 왕이 보지 못한다'는 원칙 아래 역사적 사실의 왜곡이나 고의적인 탈락이 없이 기록되었기 때문이라고 볼 수 있으며, 거의 500여 년에 가까운 왕정에 대한 기록이 하나의 체계 아래 기록된 예도 세계 역사상 드물다는 점에서 더욱 두드러집니다. 이런 점들 때문에 『조선왕조실록』은 인류의 귀중한 문화유산으로 평가받을 수 있었던 것이고, 세계 기록 문화유산으로 등재될 수 있었습니다.

# 2

# 계유정난은
# 어떻게 진행되었을까?

**이대로 변호사**　　그러면 이번에는 저희 쪽 증인을 한 분 모셔도 되
겠습니까? 이분은 저기 앉아 계신 원고에게 변을 당한 분들 중 한 분
입니다. 피고이신 사육신과 함께 충성된 이름을 길이 남긴 분이기도
하죠. 김종서 대감을 증인으로 신청합니다.

**판사**　　허락합니다. 증인은 앞으로 나와서 선서를 해 주시기 바랍
니다.

　관복 차림을 한 김종서가 성큼성큼 법정 안으로 들어섰다. 김종서
는 증인석으로 가다가 잠시 발걸음을 멈추고 원고석의 수양 대군을
매섭게 쏘아보았다. 이에 질세라 수양 대군도 김종서를 마주 쏘아보
자 법정 안은 긴장된 분위기가 감돌았다. 김종서는 곧바로 증인 선

서를 마친 뒤, 자리에 앉았다.

**이대로 변호사**　　어서 오십시오, 김종서 대감님! 아니면 장군님이라고 불러 드리는 게 나을까요?

**김종서**　　음, 호칭이야 아무려면 어떻겠소? 하지만 이왕 이런 차림으로 왔으니, 대감이라 하시든가, 그냥 증인이라고 해 주시지요.

**이대로 변호사**　　네, 알겠습니다. 증인께서는 과거에 급제한 문관으로서 세종 때 우찬성, 문종 때 우의정, 단종 때 좌의정을 맡아 임금들을 잘 보좌하셨죠. 『세종실록』과 『고려사절요』의 편찬 책임을 맡기도 하셨고요.

증인은 문관으로 그렇게 뛰어나셨던 한편 무관으로도 큰 업적을 세우셨어요. 『제승방략』이라는 국방 체제 개혁안을 마련하여 후대에 큰 영향을 주셨고, 무엇보다도 세종 15년, 그러니까 1433년에 함길도 관찰사로서 6진을 개척, 우리 국토를 두만강까지 넓히는 쾌거를 이룩하셨으니까요. 그렇죠?

**김종서**　　네, 대략 그렇다고 하지요.

**이대로 변호사**　　그렇게 훌륭한 어른이셨으니, 조정에서도 존경하고 따르는 사람들이 대단히 많았을 것 같습니다.

**김종서**　　허허, 뭐 많기까지야……. 하긴, 나를 두고 대호(大虎), 즉 '큰 호랑이'라고 부르며 떠받드는 사람들이 있기는 있었죠. 나중에 내가 변을 당하자 반란을 일으킨 이징옥 같은 용맹스런 무관이

---

*(왼쪽 주석란)*

**『세종실록』**
세종 대왕 때의 역사를 연월에 따라 기록한 책으로 1452년(문종 2)에 황보인·김종서·정인지 등이 총재관이 되어 편찬하였습니다.

**『고려사절요』**
1452년(문종 2)에 김종서 등이 편찬한 고려 시대의 역사서로 『고려사』와 함께 고려 시대의 중요한 사료로 손꼽힙니다.

**쾌거**
통쾌하고 장한 행위를 이르는 말입니다.

며……, 문관 중에는 신숙주…… 그 친구와도 같이 나랏일을 하며 호흡이 잘 맞았었는데, 결국에는 저쪽으로 가 버리더군요. 안타깝죠.

**인망**
세상 사람이 우러르고 따르는 덕망을 일컫지요.

**이대로 변호사**  그렇게 경륜과 역량은 물론 **인망**까지 있으시니, 문종께서 돌아가실 때 대감께 어린 후계자를 지켜 달라고 부탁하신 거겠죠?

**김종서**  그랬죠. 그랬어요……. 임종 자리에서 나와 대신들을 부르신 후 "죽는 것은 두렵지 않으나 어린 세자가 잘못될까 두렵다" 하시며 내 손을 잡고 간곡히 부탁하셨죠. 그래서 나는 뼈가 가루가 되는 한이 있어도 어린 전하를 지키겠노라 다짐했습니다. 허허, 그랬는데…….

김종서는 고개를 숙이며 살짝 눈물을 보였다. 이대로 변호사도 숙연해진 목소리로 물었다.

**이대로 변호사**  정말 원통하시겠습니다. 그러면 당시의 시대 상황에 대해 질문을 드리겠습니다. 그 당시는 국가적 위기 상황이었나요?

**김종서**  위기요? 무슨 위기? 그런 것은 없었습니다. 야심에 찬 몇몇 대군들 때문에 정치적 위기 상황이었다면 모를까…….

**이대로 변호사**  방금 전 출석했던 증인 양녕 대군은 고려의 유민들이 여전히 조선을 받아들이지 않았고, 북방에서는 여진족이 침입해 오는 위기 상황이었다던데요.

**김종서** 허! 그런 실없는 소리를……. 물론 그때까지 고려를 잊지 못하는 사람들은 있었지요. 하지만 그런 사람들은 세종 대왕과 문종의 성스러운 정치로 대부분 사라졌어요. 그리고 계속해서 태평성대가 되었다면 당연히 조선의 기틀이 든든히 다져졌을 텐데, 왕위를 노리고 형제들끼리 피를 뿌리는 싸움을 벌이니 조선을 향한 충성심이 흔들리지 않았겠어요?

북방 문제도 그렇죠. 내가 참여한 4군 6진의 개척 이래 여진족은 가끔씩 소규모로 쳐들어오는 것 말고 전면전은 감히 벌일 수 없게 되었거든요. 그리고 중앙에는 내가 버티고 있고, 북방에는 이징옥 같은 유능한 장수가 있었으니 그런 소규모 침략은 별 문제가 없었죠. 그런데 나를 제거하고, 그 반발을 억누르려 북방을 탄압하니까 이징옥이, 또 이어서 이시애가 반란을 일으키며 안보가 불안해진 것 아닙니까?

**이대로 변호사** 아아, 그렇군요! 그러니까 당시에 위기는 없었고, 계유정난 이후 수양 대군 일파의 행동이 오히려 위기를 부추겼다는 말씀이죠?

**김종서** 그렇습니다.

**이대로 변호사** 알겠습니다! 그러면 좀 괴로우시겠지만, 계유정난 당시의 상황을 듣고 싶습니다. 수양 대군이 어떻게 대감과 다른 사람들을 해쳤지요?

**김종서** 그날 밤…… 저 인간이 나를 찾아왔지요. 당시에는 이미 수양 대군이 언제 난리를 일으킬 것이다, 안평 대군은 또 며칠날 일

왜 수양 대군은 왕의 자리를 빼앗았을까?

어날 것이다 등의 소문이 한양에 파다했어요. 당연히 모두들 긴장했지만 병력을 이끌고 온 게 아니라 수양 대군 자신과 시종 두어 사람뿐이길래 문을 열었지요. 그게 실수였지만…….

그는 내게 무슨 청이 있는데, 밤이 늦었으므로 집 안에 들어가기는 실례고 잠깐 밖에서 보자고 했습니다. 그것도 계략이었지요. 우리 집 안으로 들어와서는 일을 벌이고 달아나기가 어려울 테니까……. 그래서 나와 보니 무슨 편지를 건네기에 달빛에 비춰 읽으려는데, 따라온 종자가 소매에서 철퇴를 꺼내 휘둘렀어요, 순식간에.

아들놈 승규는 나를 몸으로 덮어 보호하려다 그 자리에서 목숨을 잃고, 나는 거의 반죽음이 되었으나 죽을힘을 다해 일어났지요. 오로지 '주상 전하가 위험하다'는 생각뿐이었어요. 그래서 중상을 입은 몸으로 도성 안으로 들어가려 했지만 도성은 이미 저들의 손에 장악되어 뚫을 수가 없었소이다.

그래서 부득이 또 다른 아들인 승벽이의 처가를 찾아 몸을 숨기고 있었는데, 저들이 알고 사람을 보내 끝내 이 늙은 목숨을 거두고 말더이다. 그날 밤에 영의정 황보인, 우찬성 이양, 이조 판서 조극관 등이 궁궐에서 살해당하고, 민신은 현릉을 돌보다가 살해당했으며, 좌의정 정분과 안평 대군은 귀양에 처해진 다음 죽었소. 일국의 종친, 정승들이며 세종과 문종의 아낌을 받은 원로들을 이렇게 하룻밤 사이에 처참하게 죽였으니……. 나의 가족을 비롯해 이에 연루되어 죄 없이 죽은 사람들은 셀 수가 없지요.

**이대로 변호사**　으음, 정말로 잔인무도했었군요……! 서로 정치적

입장이 다르다고 해도, 꼭 그렇게 어둠을 틈타 철퇴와 칼을 휘두르는 살인강도 같은 짓을 벌여야 했을까요?

**김종서**　　그러게 말이오. 방금 얘기했듯이 수양 대군이 일을 꾸미고 있다는 말은 진작 듣고 있었지만, 그래도 왕실의 높은 어른이 그렇게 비열하게 나올까 싶어 방심했던 것이, 그만 돌이킬 수 없는 결과를 가져오고 말았구려.

**이대로 변호사**　　정말 목적을 위해서라면 수단과 방법을 가리지 않는 모습입니다. 그리고 흔들리는 나라를 구한다는 그 명분이라는 것도 전혀 사실과 다른 말장난일 뿐이라 할 수 있겠지요. 원고의 집권 과정에는 조금의 정당성도 없었음을 의심할 사람이 있을까요?

　　그럼 김종서 대감님, 마지막으로 한 가지만 더 여쭙겠습니다. 사육신을 잘 아시죠? 증인 사후에 벌어진 그들의 거사를 어떻게 보시는지요?

**김종서**　　……음, 사육신이라…….

　　김종서는 조금 난처한 눈빛으로 피고석을 둘러보았다. 김종서와 눈빛이 마주친 성삼문, 하위지 등은 그와 눈을 마주치는 게 불편한지 이내 고개를 돌렸다.

**김종서**　　불의를 용납하지 않는 대쪽 같은 정신은 높이 평가합니다. 하지만 아무래도 젊은 선비들이 많다 보니, 결단력이 좀 부족했달까? 저 사람이 왕위를 빼앗기 전에 진작 우리를 돕지 않고 엉거주

춤 하고 있었던 것도 그렇고…….

　나중에 들으니 거사를 더 일찍 벌이려 하던 것을 성삼문 등이 확신이 안 서서 미루니까, 무관이었던 유응부가 "더벅머리 선비들과는 일을 못하겠군!" 하고 분개했다더군요. 사실 그런 점이 없잖아 있죠. 그렇다고 해도 그 정신과 기개는 길이 기억해야 하겠지요.

**이대로 변호사**　흠……, 알겠습니다. 귀하신 걸음, 귀하신 증언 모두 감사합니다. 저는 이만 마치겠습니다.

**판사**　원고 측 변호인, 증인에게 질문 있으십니까?

**김딴지 변호사**　네~, 있습니다! 하지만 먼저 피고들께 몇 가지 여쭙고 싶은데요, 그래도 괜찮겠습니까?

**판사**　증인을 앉혀둔 채 피고에게 질문을 한다고요?

**김딴지 변호사**　증인에게 드릴 질문과 관련이 있는 이야기라서요. 부탁드립니다.

**판사**　알았습니다. 짧게 하시지요.

**김딴지 변호사**　감사합니다! 자, 사육신 여러분! 방금 이 변호사께서 김종서 증인에게 여러분을 어떻게 생각하느냐 물으니까, 증인의 태도가 왠지 떨떠름하더군요. 여러분 반응도 떨떠름했고요. 왜 그랬을까요? 설명해 주시겠습니까?

**성삼문**　……저 사람이 우리를 어떻게 여기는지 우리가 어찌 알겠소? 그리고 그것이 그리 중요하오?

**김딴지 변호사**　글쎄요, 중요하니까 여쭤 보겠죠? ……말씀하기 껄끄러우시면 제가 대신 말씀드리죠. 여러분은 대체로 저기 계신 증인과 사이가 좋지 않았죠. 안 그렇습니까?

성삼문　　　으음…….

**김딴지 변호사**　　성삼문 피고의 경우에는 『세종실록』을 편찬할 때 증인과 함께 일했는데, 그때 김 대감 본인에게 나쁘게 기록된 내용은 김 대감이 억지를 부리며 실록에서 지우려고 했죠? 그래서 성삼문 피고가 어떻게 역사를 사사롭게 고치려 하느냐고 김 대감과 언쟁을 벌였고요. 아닌가요?

성삼문　　……글쎄, 그런 일이 있었던 것도 같소이다.

**김딴지 변호사**　　그리고 옆에 계신 피고 하위지! 피고는 특히 김종서 대감과 사이가 나빴죠. 김 대감이 정승의 권위를 내세우며 언론의 비판을 마구 깔아뭉개고, 젊은 선비들을 모욕했기 때문이지요. 그래서 당시 벼슬을 그만두면서 "저 늙은 여우가 없어지기 전에는 다시 조정에 돌아가지 않겠다"고 말씀하셨다죠?

하위지　　뭐……, 화가 난 나머지 그런 말을 하기는 했었지. 참 자세히도 조사하셨소.

**김딴지 변호사**　　하고 싶은 말씀은 많으신데, 왠지 지금은 '같은 편'이라는 의식 때문에 말씀을 아끼시는 모양이네요? 그럼 이 정도로 하겠습니다. 아무튼 증인은 아까 자신이 두루 인망이 있었다고 **자화자찬**을 했지만, 실제로는 젊은 선비들에게는 '짜증 나는 늙은이'에 지나지 않았던 것입니다.

**이대로 변호사**　　이의 있습니다! 증인을 이렇게 대놓고 모욕하는 경우는 없습니다!

> **자화자찬**
> 자기가 그린 그림을 스스로 칭찬한다는 뜻으로, 자기가 한 일을 스스로 자랑함을 이르는 말입니다.

**판사**　이의를 인정합니다. 원고 측 변호인은 표현을 신중하게 골라 쓰도록 하세요.

**김딴지 변호사**　네, 죄송합니다……. 그러면 신중하고 정중하게 증인께 질문을 드리도록 하지요! 김종서 증인께서는 방금 오간 대화를 다 들으셨겠죠? 이에 대해 어떻게 생각하십니까?

**김종서**　나는 언제나 젊은이들의 패기를 칭찬하고 존중했어요. 하지만 젊음은 때로 지나치게 이상적이거나, 아까도 말했다시피, 행동력이 부족할 때가 있지요. 나는 그럴 때마다 따끔하게 충고하는 것을 주저하지 않았다오. 그게 듣는 입장에서는 껄끄러웠을 수도 있겠지요. 그러나 나 자신의 비리를 감추느라 그랬다는 것은 모함일 뿐이오.

**김딴지 변호사**　흐음, 그런가요? 하지만 '세종과 문종이 아끼던 원로대신'이며 '6진 개척의 영웅'이라는 점을 믿고 다른 사람들을 오만불손하게 대했으며, 지나치게 권력을 마음대로 휘둘렀다는 증언이 참으로 많습니다.

**김종서**　그건 다 나중에 정권을 잡은 수양 대군 일파들이 지어낸 모함이오.

**김딴지 변호사**　그래요? 제3자라고 할 수 있는 명나라 사신도 "조선 조정은 김종서 한 사람이 너무 멋대로 하고 있어서 걱정이다"라는 말을 남겼는데도요?

**김종서**　흐흥, 명나라 황실과 사돈 관계였던 한확은 수양 대군과도 사돈이었죠. 수양 대군 자신도 명나라에 사신으로 다녀오면서 그쪽 사람들과 친분을 맺었고 말이오. 그러니 나에 대해 진정한 '제

3자'로서 객관적으로 말했겠소?

**김딴지 변호사**   그래요? 그렇다면 어린 임금, 단종을 위하는 체하면서 실제로는 무시하며, 자기 뜻대로 조정을 주무르지 않았다는 말씀인가요?

**김종서**   내가 전하를 무시했다니! 하늘에 맹세코 그런 일은 결단코 없었소!

**김딴지 변호사**   하, 맹세까지? 그렇다면 묻겠습니다. '황표정사'가 뭔지 잘 아시지요?

**김종서**   음……! 황표정사라…….

**김딴지 변호사**   설마 모른다고는 못하시겠죠? 본래 조선에서는 새로운 고위관리를 임명할 때 **이조**에서 2배수에서 4배수로 추천 명단을 올리고, 왕은 그중에서 적임자를 하나 골라 이름에 노란 점을 찍어 낙점자를 임명하는 인사 행정 방식인 황표정사가 있었습니다.

그런데 증인께서 세도를 부리실 때는 아예 처음부터 이름 옆에 노란 점을 찍어서 임금께 올렸고, 임금은 그냥 형식적으로 살펴볼 뿐, 처음부터 인사는 대감의 뜻대로 진행되었죠. 그렇지 않습니까? 이러고도 단종을 무시하지 않았다고 하실 것인가요?

**김종서**   ……당시 전하의 춘추가 너무 어리신지라 부득이하게 임시로 취한 방편이었을 뿐이오.

**김딴지 변호사**   허, 그랬군요. 하지만 그 결과 대감의 자제들과 황보인, 민신 등 대감과 뜻을 함께하던 사람들의 자제들이 높은 자리에 오르며 황표정사를 시행하는 동안 대감의 힘은 더욱 커졌습니다.

**이조**
고려와 조선 시대의 중앙 행정 기구인 6조(曹) 가운데 하나로 인사 관리를 관장했지요.

아닌가요?

김종서      음……, 우연히 그렇게 되었을 뿐이지요.

김딴지 변호사     우연이라……. 그럼 이건 어떤가요? 아까 증언 때 대감은 수양 대군과 안평 대군이 모두 왕위를 노리는 통에 어린 단종을 보호하느라 노심초사했다는 식으로 말씀하셨죠?

김종서      그렇소만?

김딴지 변호사     하지만 실제로 대감은 수양 대군과는 적대했어도 안평 대군과는 친밀하게 지내지 않았습니까? 안평 대군에게 글을 보낼 때 '우리 동지께 드립니다'라는 표현을 쓰고, 서로 값비싼 보물과 서화를 주고받으며 정을 돈독히 했다면서요?

김종서    ……수양 대군의 세력이 하도 강성하니, 안평 대군과 일시적으로 가깝게 지내 수양에게 맞서야 한다는 생각뿐, 다른 뜻은 없었소! ……내가 죽음을 당할 때 나이가 일흔하나요. 요즘 기준에도 적은 나이가 아니지만 그 당시로서는 무덤에 반쯤은 들어가 있는 나이라 할 수 있었지요. 그런 마당에 무슨 **영화**를 더 보겠다고 안평 대군과 결탁한단 말이오?

김딴지 변호사    그래요? 하지만 황보인 대감과 이런 얘기를 나누셨다고요? "우리는 이제 늙었지만 우리 자손들까지 부귀영화를 이으려면 이 길로 가야 합니다." 그리고 증인이 직접 한 말은 아니지만, 증인의 동지 중 하나였던 이양은 안평 대군에게 이렇게 말했다더군요. "지금 전하는 어리고 병약하니, 장성해 보았자 이미 틀렸습니다. 대군께서 나서야 합니다."

**영화**
몸이 귀하게 되어 이름이 세상에 빛남을 이르는 말이지요.

그때까지 침착한 모습으로 상대하던 김종서가 갑자기 눈썹을 부르르 떨더니, 재판정이 쩌렁쩌렁 울릴 만큼 호통을 쳤다.

김종서    감히 어디서 그런 되지도 않는 소리를! 저 수양이 비열한 수작으로 나를 없애고는 민심을 현혹하느라 만들어 낸 이야기들을 가지고 나를 놀리는가! 이 손에 지금 칼이 있었다면……!

정말 '큰 호랑이'가 울부짖는 듯한 서슬에 김딴지 변호사는 자기도 모르게 몇 걸음 물러섰고, 법정은 소란스러워졌다. 판사는 법봉으로 탁자를 쳐 겨우 분위기를 진정시키고는, 김종서와 이대로 변호사에게 주의를 주었다.

이대로 변호사    정말 죄송합니다. 사실 잘못은 증인을 계속 인신공격하며 화를 돋운 원고 측에 있습니다만……!

김딴지 변호사    이거 왜 이러십니까? 좀 전에 이 변호사야말로 양녕 대군께 어떠셨는데요?

판사    그만! 그만들 하시오! 이렇게 극단적인 분위기 속에서는 재판을 냉정하게 진행할 수 없다고 여겨집니다. 판사의 직권으로, 여기서 오늘 재판은 끝내기로 하겠습니다. 이의가 있습니까?

김딴지 변호사    아, 네……. 없습니다.

이대로 변호사    저도 괜찮습니다.

판사    그럼, 좋습니다. 증인은 수고하셨으니 그만 내려가시고, 이상으로 오늘 재판을 정리할까 합니다. 생각해 보면 오늘 공정한 재판을 하기에 유익한 변론과 증언이 있었다고 봅니다. 하지만 신성한 법정이라는 사실을 잊기라도 한 듯 과격한 태도가 법정 분위기를 흐뜨려 놓았습니다. 이 자리는 진실을 알기 위한 자리이지, 싸우기 위한 자리가 아님을 잊지 말기를 바랍니다. 다음부터는 이런 일이 결코 없기를 다시금 당부드립니다. 그럼 이것으로 오늘 재판을 마치겠습니다.

땅, 땅, 땅!

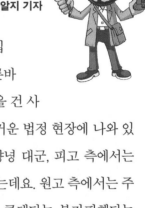

**다알지 기자**

　안녕하십니까? 법정 뉴스의 다알지 기자입
니다. 지금 역사공화국에서는 성삼문 등 이른바
사육신을 상대로 조선 제7대 왕 세조가 소송을 건 사
건이 화제가 되고 있는데요. 지금 저는 그 뜨거운 법정 현장에 나와 있
습니다. 오늘 1차 재판에서 원고 측에서는 양녕 대군, 피고 측에서는
김종서를 증인으로 세우고 각기 변론을 펼쳤는데요. 원고 측에서는 주
로 계유정난까지의 원고의 입장을 설명하며 쿠데타는 불가피했다는
점을 밝혔고, 피고 측에서는 반대로 계유정난이 나라를 위태롭게 했다
는 주장을 폈습니다.

　아, 잠깐만요. 지금 법정 입구에서 웬 조선 시대 복장을 한 두 노인
이 싸우고 있네요? 서로 목청을 높이며 한 걸음도 물러서지 않고 싸우
는군요. 어떻게 된 일인지 잠시 인터뷰해 보겠습니다. 자, 자! 그만들
하시고! 누구시며, 왜 이렇게 싸우고 계시는 거죠?

양녕 대군

에잇, 지독한 늙은이 같으니! 재판에서 뭐, 누가 그렇게 실없는 소리를 하느냐고? 위기는 무슨 위기냐 고? 그래, 당신이야 높은 벼슬에다 큰 권력을 손에 쥐고 있으니 위기감 이 없었겠지! 하지만 여진족들 등쌀에 시달리는 백성들을 생각해 봤 어? 하도 보기가 딱해서 뭐라고 한마디 하면 "세종께서 마음이 넓으 셔서 그냥 보아 넘기신 은혜나 생각하고 가만히 있어라"는 소리나 하 고……. 으이그, 하도 말이 안 통하니까 결국은 철퇴로 말한 거 아냐? 당신만 그렇게 독불장군이 아니었으면 계유정난이고 뭐고 일어나지 도 않았을 거라고!

김종서

　아하, 백성들 생각을 하셨다? 그런 양반이 젊
어서는 만날 백성들 재산이며 부인이며를 마음대로
빼앗다가, 수양 대군이 정권을 잡으니 제 세상을 만난 듯이 망나니 짓
을 하셨나요? 온천 한 번 갈 때마다 임금님 대접하듯 하라고 해서 머무
르는 고을 백성들의 등골을 얼마나 뽑아먹었소! 참, 웃기지도 않아! 양
녕이고, 수양이고, 당신 같은 종친들이 조선을 망가뜨린 거라고! 어쭈?
소매를 걷어붙여? 어디 이 큰 호랑이의 주먹 맛 좀 볼래?

# 사육신은 왜 세조를 없애려 했을까?

1. 사육신의 모의는 왜 실패했을까?
2. 사육신의 모의 실패 후, 단종은 어떻게 되었을까?

# 사육신의 모의는
# 왜 실패했을까?

**판사**　　그동안 원고와 피고, 그리고 배심원 여러분 모두 재판에 대해 생각하며 많은 준비를 하셨으리라 믿습니다. 그러면 지난번처럼 좋지 않은 모습이 오늘은 없기를 바라며, 두 번째 재판을 진행하겠습니다. 오늘은 계유정난 이후 원고인 수양 대군이 즉위하여 세조가 되고, 여기에 대항한 피고 사육신의 모의가 어떻게 진행되었는지를 살펴볼 예정입니다. 이 재판의 가장 비중 있는 부분이 아닌가 싶습니다. 그러면 어느 쪽부터 시작하실 건가요?

**김딴지 변호사**　　저부터 해도 괜찮겠습니까?

**판사**　　그렇게 하십시오.

**김딴지 변호사**　　먼저 사육신 사건의 전말을 알고자, 그 주인공들인 사육신께 직접 질문드리려 합니다. 어느 분께서 대표로 말씀해 주시겠습니까?

　"자네가 하게", "아니 자네가 하게나" 하는 말이 한참을 오가고 나서, 결국 성삼문이 헛기침을 하며 김딴지 변호사를 쳐다봤다.

성삼문　어흠, 어흠! 무슨 이야기가 듣고 싶으시오?

김딴지 변호사　오, 아무래도 사육신 중에서도 성삼문 증인이 가장 대표 격이시죠? 아버지 되시는 성승 선생님도 모의에 동참하셨고……. 먼저 사육신 여러분에 대해서 알고 싶습니다. 여러분은 모두 집현전 학사 출신으로, 세종 대왕의 사랑을 받으신 분들이라 알려져 있는데, 그런가요?

성삼문　흠, 대체로는……. 단지 유응부 선생은 무관이셨고, 김문기 선생은 집현전을 거치지 않은 문관으로 당시 공조 판서라는 비교적 높은 직책에 계셨소. 두 분 다 우리와는 나이 차이도 많이 나셨지. 아마 그래서 사육신에 넣느니 안 넣느니 하는 이야기가 나왔을 게요.

김딴지 변호사　그렇군요. 그러면 집현전에서 무슨 일을 하셨는지 간단히 말씀해 주시겠습니까?

성삼문　뭐, 잘 알려져 있지 않나요? 학문을 연구하고, 국가 정책을 검토하고……. ▶한글 창제를 비롯해서 세종 대왕 대의 수많은 업적이 집현전에서 나왔죠. 물론 세종 대왕 같은 위대한 임금이 계셨기에 가능한 일이었지만.

**김딴지 변호사**　음, 그렇군요. 그러면 저기 계시는 원고 세조 전하와는 별로 일을 같이하실 기회가 없었겠네요?

**성삼문**　음……, 그건…….

**김딴지 변호사**　왜요? 왜 대답을 안 하시죠?

**성삼문**　기회가 없지는 않았소. 『역대병요』라고 하는 군사 관련 책을 집현전이 중심이 되어 지었는데, 그때 수양 대군이 총책임을 맡았죠. 그때 우리 중에 하위지가 적극적으로 참여했고, 나도 어느 정도 거들었으니…….

**김딴지 변호사**　그랬군요. 또 제가 듣기로는 한글 창제 과정에서도 원고와 증인이 손잡고 일했다고 하던데요?

**성삼문**　손잡고 일하다니? 무슨 그런 불쾌한 말씀을 하시오? 수양 대군이 어느 정도 일을 도운 것은 사실이오, ▶당시 내가 한글 창제의 주역 중 하나이다 보니 오고 가며 때로는 말을 섞기도 하고, 뭐 그랬지만 긴밀한 협력 관계였던 적은 없었소.

**김딴지 변호사**　그런가요? 아무튼 세종께서는 집현전 학사들만이 아니라 문종이 되신 세자와 수양 대군, 안평 대군 등 여러 왕자에게도 임무를 주어서 그 성대한 문화 사업에 일익을 담당하게 하셨지요. 그렇게 보면 세조가 단지 과격한 무인 성향은 결코 아니었으며, 집현전 출신들과의 관계도 친밀했다고 봐야 하지 않을까요?

**성삼문**　일 좀 같이했다고 무슨 친밀씩이나?

**김딴지 변호사**　흐음, 친밀하지 않았다? 하지만 지난 주

**교과서에는**

▶ 세종 대왕이 한글을 창제하고 1446년에 훈민정음을 반포하기 전, 우리나라는 한자를 써 오면서 이두나 향찰을 사용하였습니다. 한글은 말하기 쉽고, 쓰기 쉬운 언어로 한글이 창제된 뒤, 일반 백성들도 널리 문자를 사용할 수 있었습니다.

에 여기서 집중적으로 다루었던 계유정난! 그 공로를 논할 때 보면 성삼문 증인도 들어가 있어요. …… 자, 여기 보니 수양 대군은 당연히 1등 공신이고, 신숙주가 2등 공신, 성삼문은 3등 공신이네요?

**성삼문**　　흠…….

**김딴지 변호사**　　거기서 그치지 않고, 사육신 사건이 터지기 전까지 증인께서는 집현전 부제학, 예조 참의 등의 직위를 맡으며 계속해서 '출세'를 했지요. '성삼문은 수양 대군 일파다'라는 말이 어색하지 않을 정도로 말입니다. ▶언관의 책임을 맡았을 때는 김종서 대감과 한편이었던 문신 정분, 조숙생 등에게 추가로 엄벌을 내려야 한다는 상소를 앞장서서 작성했고, 마침내 1455년에 단종이 세조에게 임금 자리를 사양하자 당시 동부승지로서 옥새를 꺼내다가 세조에게 바치는 역할을 맡았죠! 그것이 공로로 인정되어 **좌익공신**이라는 지위까지 얻었고요!

**성삼문**　　받기 싫은 것을 억지로 내게 들이밀었소. 아마도 젊은 선비들의 환심을 사기 위해 그랬겠지요……. 내가 비록 정난공신에 들어갔지만 그 정난이라는 일에 손가락 하나의 힘도 보태지 않았고, 임금 자리를 양보한다는 알량한 이름으로 강제로 옥새를 빼앗을 때는 차마 넘겨줄 수가 없어 통곡을 했던 사람이 나요!

**김딴지 변호사**　　정말 억지로 준 공신이었고, 그것이 부당

**옥새**
국권의 상징으로 국가적 문서에 사용하던 임금의 도장을 이르는 말이지요.

**좌익공신**
수양 대군이 단종을 몰아내고 세조로 즉위하는 데 공을 세운 인물 44명에게 내린 칭호입니다.

**정난공신**
1453년, 안평 대군, 김종서, 황보인 등을 제거한 공로로 수양 대군, 정인지, 한명회 등 43명에게 내린 칭호입니다.

교과서에는

▶ 언관은 임금에게 간언하는 일을 맡은 곳으로 조선 시대 때 사헌부, 사간원, 홍문관의 삼사로 구성되었습니다. 삼사의 언관들은 임금의 정사를 비판하고, 관리들의 비리를 감찰했으며, 이들의 언론은 왕이라도 함부로 막을 수 없었습니다. 이러한 언관의 활동은 권력의 독점을 막고 부패를 방지해 균형 잡힌 정치 활동을 달성하는 데 기여했습니다.

하다고 여겼다면 왜 거부하지 않았나요? 떳떳함을 그 무엇보다 중요히 여기는 선비라면서요?

**성삼문**    잘 모르시나 본데, 나는 분명 정난공신을 거두어 달라고 사양했소!

**김딴지 변호사**    아, 네! 사양하셨죠! 공신으로 봉해진 다음 한 달이나 지나서, 그것도 '별로 한 일도 없는 사람들에게 왜 공신 자리를 주었느냐'는 여론이 일자 거론된 다른 공신들과 함께 사양을 표시했죠? 한두 차례 그러다가 다시 은근슬쩍 공신 자리를 차고 앉았고 말이죠. 그리고 좌익공신에 이르러서는 아예 한마디도 사양하지 않았 잖습니까?

**성삼문**　　음, ……저들을 속이기 위해서 어쩔 수가 없었소. 저들과 한편인 것처럼 믿게 만들었다가 기회를 보아 뒤통수를 치기 위해서 는…….

**김딴지 변호사**　　호오, 그럴듯하네요? 하지만 그러면 옥새를 넘기는 과정에서 눈물을 보이지도 마셨어야죠. 조금 전까지는 한사코 수양 대군과 거리를 두었던 것처럼 말씀하시더니, 이제는 또 속이기 위해 거짓으로 가까이했다고 하시니, 듣는 저로서는 헷갈립니다만?

**성삼문**　　…….

성삼문이 분한 얼굴빛으로 말이 없자, 옆에 있던 박팽년이 화를 벌컥 내며 자리에서 일어섰다.

**박팽년**　　듣자 듣자 하니, 그만 좀 하시오! 목숨을 바 쳐 정의를 실현하려 했던 선비에게 무슨 되지 않는 모욕이오? 이 성삼문 선생은 모의가 발각되어 수양 대군이 다리를 태우고 팔을 자르는 흉악한 고문을 했 으나 얼굴색 하나도 변하지 않았던 분이오! 그런 분 을 비열한 소인배인 것처럼 몰다니……!

**김딴지 변호사**　　아, 박팽년 선생이시군요. 선생님은 비록 정난공신에 이름이 들지 못하셨지만, 사후 처리

세종의 총애를 받은 집현전 학사 박 팽년은 죽음으로 충심을 지켰습니다.

**녹봉**
벼슬아치에게 일 년 또는 계절
단위로 나누어 주던 금품을 이
르는 말입니다.

과정에서 신숙주 선생과 어깨를 나란히 하고, 안평 대군과 김종서 일파를 예외 없이 극형에 처하자고 목소리를 높이셨다죠? 그 뒤에 역시 성삼문 선생처럼 순조롭게 출세를 하셨고요.

**박팽년**　정말 시시콜콜한 것까지 조사했구먼! 당시에는 나도 안평 대군과 김종서 대감이 역모를 꾸민 줄 알았소. 나중에 그게 아니라 수양 대군이 진짜 원흉임을 알았을 때는 이미 어쩔 수가 없었고…….

**김딴지 변호사**　그러셨나요? 뭐, 그럴 수도 있겠네요. 하지만 세조께서 즉위하신 뒤에는요? 지금도 번번이 수양 대군이라고 하시는 걸 보면 그분을 임금으로 인정하지 않으시는가 본데, 어째서 임금 아닌 사람이 주는 **녹봉**을 받으셨죠?

**박팽년**　허, 별 쓸데없는 것들만 조사하느라 정작 중요한 사실은 빼놓으셨구먼! 이거 보시오. 나나 여기 성삼문이나, 우리 중 누구도 저 인간의 녹봉은 받지 않았어요. 녹봉으로 쌀가마니를 주면 일단 받기는 하되 언제 어느 날 얼마를 받았는지 일일이 써 둔 다음, 창고에 처박아 놓고 쌀 한 톨도 쓰지 않았다오.

**김딴지 변호사**　쌀 한 톨도 쓰지 않으셨다……. 그러면 식사는 어떻게 해결하셨죠? 아침에는 굶고, 점심은 건너뛰고, 저녁엔 일찍 주무시고 그러셨나요?

**박팽년**　어……, 그건…….

**김딴지 변호사**　사실 그런 녹봉 따위야 받으나 마나였겠죠? 조상

대대로 내려오는 드넓은 영지가 있었으니 말입니다. 그러니 그렇게 여유를 부리실 만도 했죠. 그리고 솔직히 말해서 일단 받았으면 받은 것이지, 쓰고 안 쓰고가 무슨 상관입니까? 돈도 아니고 쌀이었으니 창고에 내버려 두었다면 다 썩어 버렸을 텐데요. 선생님은 누구한테 물건을 빌려 주고 얼마 후 '안 쓰면 돌려줘'라고 하니까, '난 몰라. 부숴 버렸어.' 그러면 '어, 그랬는가.' 하십니까? '난 쓰지도 않고 부숴 버렸으니까 나한테는 아무 책임도 없어.' 이러는 사람에게 고

개를 끄덕이실 건가요?

**박팽년**        …….


이때 조용히 듣고 있던 사육신 중 한 명인 유성원이 김딴지 변호사를 노려보며 말했다.


**유성원**        정말 사람을 너무 몰아붙이시는군요! 그래요, 녹봉이 그렇게 절실한 것이 아니라 무시했다고 합시다. 아무튼 우리가 그에게 머리를 숙이고 있는 동안 득을 보지 않은 것은 사실 아닌가요? 김 변호사님은 우리가 이익을 탐하는 소인배였다고 보시는 것 같은데, 대체 우리가 뭣 때문에 목숨까지 걸고 일을 준비했다는 것인가요?

**김딴지 변호사**        ……아, 유성원 선생님, 맞으시죠? 글쎄요. 여러분의 목표를 제게 물으신다면……. 아마도 더 큰 권력에 대한 욕망, 그리고 질투심, 그거 아닐까요?

**유성원**        권력욕은 그렇다 치고, 질투심이라니?

**김딴지 변호사**        여러분은 집현전 학사 출신이지만, 아무래도 실력의 차이가 있었죠. 성삼문 선생 같은 경우에는 신숙주 선생과 나이가 비슷하고 같은 해에 과거에 급제했어요. 그런데 당시 성삼문 선생이 장원급제를 하고 신숙주 선생은 아니었는데도, 이후 갈수록 신숙주 선생이 더 주목 받는 걸 보고 질투심이 났죠. 그렇지 않습니까?


김딴지 변호사의 시선이 성삼문에게 꽂혔다. 그러나 성삼문은 굳은 표정으로 아무 말이 없었다. 잠시 대답을 기다리던 김딴지 변호사는 계속 말했다.

**김딴지 변호사**　그런 경향은 계유정난 이후 더욱 심해져서, 신숙주 선생은 2등 공신, 성삼문 선생은 3등 공신으로 갈린 다음 출세도 한 걸음씩 차이가 났죠. 가령 신숙주 선생이 왕의 비서실장 격인 도승지에 임명되면 성삼문 선생은 그보다 한 단계 낮은 좌부승지, 그리고 한명회가 우부승지가 되는 식이었어요. 라이벌인 신숙주에 미치지 못하고, 과거에 번번이 낙방하여 기껏 '경덕궁지기'라는 벼슬 같지도 않은 벼슬을 하던 한명회와 비슷한 처지였던 것이죠. 이러니 질투심과 불만이 가득하지 않았을까요?

**박팽년**　무슨 말을 그렇게! 정말 못 말릴 사람이로군!

**김딴지 변호사**　박팽년 선생 같은 경우에는 연배도 좀 높았고, 관운도 좋았죠. 하지만 수양 대군의 이복동생인 영풍군이 금성 대군과 같이 역모를 꾸몄다는 혐의를 받고 처벌을 받았는데, 그는 바로 박팽년 선생의 사위였죠? 그래서 언제고 연루되어 불이익을 당할까 봐 조바심이 나셨겠죠. 또 유성원 선생이나 이개 선생은……

갑자기 성삼문이 김딴지 변호사의 말을 가로막았다. 전보다 훨씬 침착하고 담담한 표정이었다.

**성삼문**　맞소. 당시 신숙주에게 질투심을 느꼈던 것은 사실이오.

수양 대군이 나를 신숙주보다 낮게 대우했다면, 그를 미워하는 마음이 별로 들지 않았을지도 모르오.

피고석에 있던 성삼문이 진심인 듯 너무나 뜻밖의 말을 내뱉자, 김딴지 변호사가 눈을 크게 떴다. 막 이의를 제기하려던 이대로 변호사도 놀라고, 사육신 동료들도 놀라 성삼문을 바라보았다.

**김딴지 변호사**　……에, 뭐랄까. 자포자기하신 건가요?

**성삼문**　자포자기라니? 솔직하게 말하는 것뿐이오. 다만 이걸 생각해 주셨으면 하오. 말씀하신 대로 신숙주보다 내가 한 걸음 뒤졌던 것은 사실이오. 하지만 어쨌든 나도 출세를 하고 있었고, 공신이라는 감투도 두 차례나 썼소. 그런데 단지 조금 더 나은 대우를 받지 못한다는 불만 때문에 목숨까지 걸고 일을 벌였을 것 같소?

**김딴지 변호사**　어……, 으음…….

**성삼문**　나머지 분들도 같소. 저마다의 이기심도 있고 공명심도 있었을 거요. 사람인 이상 그것은 어쩔 수 없는 일이오. 그런 마음이 조금도 없다면 사람이 아니라 신이나 부처겠지요! 그러나 그런 이기적인 마음을 억누르고, 또는 이기적인 마음을 공공을 위하는 마음으로 발전시켜서, 옳다고 여겨지는 일을 하느냐 마느냐가 중요한 거요. 군자라는 사람은 많이 배운 사람이나 출신이 대단한 사람이 아니라, 이기적인 마음을 슬기롭게 극복할 줄 아는 사람이오.

지난 재판에서 이야기가 많았지만, 양녕 대군의 말에도 일리는 있

　왜 수양 대군은 왕의 자리를 빼앗았을까?

소. 김종서 대감의 독단적인 행동에 문제점도 있었소. 그러나 우리가 결국 계유정난을 부정하고, 임금을 마음대로 갈아치운 행동을 바로잡고자 나선 것은 어떤 변명도 용납할 수 없는 대의 때문이오. 신하된 자는 미우나 고우나 임금을 임금으로 섬겨야 하며, 어려운 처지에 놓여 있는 주군일수록 저버려서는 안 된다는 것. 현실 문제가 조금 있다고 해서 명분을 업신여기는 일이 허용되면, 결국 정의는 사라지고 힘 있는 자가 힘 없는 자를 마음대로 짓밟는 세상이 되고 만다는 것. 그것이 우리를 모이게 했고, 움직이게 했소.

김 변호사가 지적하신 대로 우리는 결코 완벽한 인간이 아니고, 명분과 현실 사이에서 어정쩡하게 행동한 점도 있었소. 그러나 우리는 이 대의를 위해 살아가야만 우리가 비로소 선비일 수 있다고, 그렇게 하지 않는다면 우리는 살아 있어도 죽은 것과 같다고 생각했소. 그리고 설령 죽음의 길을 가더라도 명분에 떳떳하게 살자, 시대의 양심으로 남자고 결정했던 것이오.

그래서 우리는 우리와 한때 생각이 같았으면서도 끝내 현실의 두려움에 굴복해 버렸던 동지, 우리를 고발한 김질, 그 친구를 불쌍하게 여기는 거요. 편안한 생활을 얻었을지 모르지만 그의 마음은 평생 지옥이지 않았겠소. 그는 인생의 의미를 송두리째 잃어버리고 말았으니까.


김딴지 변호사는 할 말을 못 찾겠는지 눈만 이리저리 굴리고 있었다. 법정은 한순간 조용했다. 그리고 어디선가 작은 박수 소리가 나기 시작하더니 이내 박수 소리가 점점 더 커졌다.


**김딴지 변호사**　그게…… 하고 싶었던 말씀이신가요?

**성삼문**　그렇소.

**김딴지 변호사**　다른 분들도 그러신가요?

**박팽년**　물론이오. 내가 하고 싶었던 말을 우리 성 동지께서 그대로 말씀해 주셨소.

**유성원**　나도 그렇소.

**이개**　나도.

**하위지**　나도.

**김문기**　달리 무슨 말이 있겠습니까? 이미 수백 년 전의 일이지만, 동지의 말을 들으니 다시금 가슴이 뜨거워지는군요.

**유응부**　하하! 이래서 내가 선비들의 우유부단함을 못마땅해 하면서도 좋아할 수밖에 없다니까! 그렇지요! 한 번 살다 가는 인생인데, 의미 있게 살아야지요! 그 점은 선비나 무사나 마찬가지라고 생각합니다.

**김딴지 변호사**　으음, 알겠습니다. 아무튼 그 열정에는 저도 경의를 표한다는 말씀을 드리죠. 하지만 과연 열정만으로 충분한 것인지……. 그럼 이쯤에서 증인을 한 분 모시겠습니다. 이제까지 거론이 좀 되었죠? 사육신 여러분의 한때 친구였던 신숙주를 증인으로 신청합니다.

김딴지 변호사가 증인으로 '신숙주'를 부르자 방청석에서 작은 탄성이 터져 나왔다. 드디어 관복을 단정하게 차려입은 신숙주가 침착한 걸음으로 법정 안으로 걸어 들어왔다. 이를 묵묵히 보고 있던 원고 사육신들도 긴장한 표정이 역력했다.

수양 대군 편에 섰던 신숙주는 계유정난 이후 출세가도를 달렸으며, 다양한 분야에서 업적을 남겼습니다.

**김딴지 변호사**　　안녕하십니까, 신숙주 선생님? 아니, 영의정까지 지내신 분이니 신숙주 대감님이라고 할까요?

**신숙주**　　나를 위한 자리도 아닌데 무슨……. 그냥 증인이라고만 하시지요.

**김딴지 변호사**　　알겠습니다. 증인께서는 저기 피고석에 모여 앉아 계시는 분들을 잘 아시죠?

　　신숙주는 사육신을 지그시 바라봤다. 사육신들은 고개를 돌리거나, 신숙주를 마주 쏘아보거나 하였다.

**신숙주**　　알다 뿐이겠습니까. 집현전에 모여 함께 학문을 토론하고, 자료를 찾고, 정책을 연구하던 때가 바로 어제 일 같군요.

**김딴지 변호사**　　그렇겠군요. 하지만 지금은 서로 어색해들 하시는 모습이네요! 그 뒤로 걸어오신 길이 달라서 그렇겠죠? 듣자니 지난번 재판에서 증인으로 나오신 김종서 대감과도 한때 친하셨다던데…….

**신숙주**　네, 그분 밑에서 한때 일을 도운 적 있었죠. 내가 비록 그 일로 정난공신의 자리에 오르기는 했지만……. 그분이 그렇게 되신 일을 안타깝게 생각하고 있습니다.

**김딴지 변호사**　그렇게 길이 갈리게 된 계기, 다시 말해 증인께서 원고와 입장을 같이하시게 된 계기는 무엇이었나요?

**신숙주**　음……, 세조 전하와는 진작부터 알고 지냈지만, 아무래도 1453년에 그분을 수행해서 중국에 다녀온 일이 계기였다고 할까요? 그때는 김종서 일파와 안평 대군 등의 견제를 한 몸에 받으며 '과연 무사히 고국에 돌아갈 수 있을까'를 고민하시던 때였는데, 저와 흉금을 터놓고 많은 이야기를 하셨지요. 새삼 정치적 식견이 뛰어나고 포부가 대단하다는 것을 알겠더군요. 증조부께서 세우신 조선이라는 나라를 진심으로 사랑하신다는 것도…….

**김딴지 변호사**　으음, 그렇군요. 그러면 그때 수양 대군의 사람이 되기로 결정하셨나요?

**신숙주**　그렇지는 않았고, 아무래도 망설임이 남았죠. 하지만 귀국하고 나서도 내가 먼 발치에서라도 눈에 띄면 "범옹!" 하시면서……. 아, 범옹은 내 호입니다. 반갑게 부르면서 달려와 손을 잡으시는 모습에, 결국 뜻을 굳히게 되었습니다. 내가 집현전에 있을 때 세종께서 무척 아껴 주셔서 책을 읽다 잠든 내게 용포를 벗어 덮어 주시고는 했는데, 그때 이후로 나를 그렇게 아껴 주신 분은 처음이었죠.

**김딴지 변호사**　선비는 자신을 알아주는 사람을 위해 목숨을 바친

다, 그런 것인가요?

**신숙주**　그렇기도 하지만, 정국의 혼란을 수습하고 조선을 계속 발전시켜 나갈 사람으로는 이분이 가장 적합하다고 여겼기 때문이죠. 김종서 대감은 지나친 자만심에 빠져 독단적으로 일을 처리했고, 안평 대군은 야심에 비해 지도자로서의 자질이 부족했거든요.

**김딴지 변호사**　그렇군요! 그러면 결국 당시로서 나라와 백성을 위한 최선의 현실적 선택은 수양 대군의 집권이다, 이렇게 여겼기 때문에 그분과 함께 가는 길을 택하셨다는 것이죠?

신숙주      그렇죠.

**김딴지 변호사**     알겠습니다. 그러면 증인과 다른 길을 걸어가신 옛 친구분들, 저 사육신을 어떻게 생각하시는지 듣고 싶군요.

신숙주      음…….

    눈을 감고 잠시 말이 없는 신숙주에게 김딴지 변호사가 대답을 재촉했다.

**김딴지 변호사**     이거 실례일지 모르겠습니다만, 증인께서는 '숙주 나물' 이야기를 아십니까?

신숙주     아……? 알지요. 알아요.

**김딴지 변호사**     녹두에서 싹을 틔워 만드는 것이니까 콩나물처럼 녹두나물이라 해야 하겠습니다만, 언제부터인지 숙주나물 로 불렸는데, 그 까닭은 쉽게 상하는 것이 신숙주처럼 절개가 없이 쉽게 변하기 때문이다……. 믿거나 말거나입니다만, 숙주나물의 유래에 대해 이런 이야기가 있지요.

신숙주     네, 저도 들어서 알고 있습니다.

**김딴지 변호사**     그처럼 세상에서는 대개 증인의 고뇌와 결단은 나쁘게 보면서, 다른 길을 택한 사육신은 훌륭하다고 여기고 있죠. 나오시기 전에 저분들께 여쭤 봤더니, 자신들은 죽음의 길을 선택했으나 대신 인생의 의미를 얻었다고 하시더군요. 증인의 생각은 어떠신가요?

신숙주　　숙주나물 이야기를 해 주셨으니, 나도 보답 삼아 이야기를 하나 하지요. 변호사께서는 최명길 대감의 이야기를 아시는지요?

김딴지 변호사　　네……? 혹시 ▶1636년 병자호란 때의 그 최명길 말씀입니까?

신숙주　　그렇습니다. 당시 청나라의 막강한 힘에 밀려 남한산성에 포위되어 있던 인조 임금과 신하들은 항복할 것인가, 끝까지 싸울 것인가를 놓고 격론을 벌였다죠.

　　김상헌이라는 꼬장꼬장한 선비가 죽을지언정 오랑캐에게 항복할 수는 없다고 '척화론(주전론)'을 이끌었고, 현실적으로 어쩔 수 없으니 일단 항복했다가 후일을 도모하자는 '주화론'의 중심은 최명길이었습니다. 결국 주화론 쪽이 힘을 얻어 항복하기로 하고, 최명길이 붓을 잡고 항복 문서를 썼지요.

　　그러나 분이 복받친 김상헌은 최명길의 손에서 항복 문서를 빼앗아 갈기갈기 찢어 버렸습니다. 순간 최명길은 조용히 찢어진 항복 문서를 주워 모으며 이렇게 말했다죠. "그래, 찢는 사람도 반드시 있어야 하지. 하지만 나처럼 쓰는 사람도 있어야만 해."

김딴지 변호사　　으음……!

신숙주　　사람이 현실만을 생각하고 살다 보면 초라해지고 사람답지 못하게 살게 됩니다. 하지만 너무 이상만을 고집하다 보면 현실에서 아무것도 이루지 못하죠. 이상과 현실을 적절히 조화시키는 게 필요하고, 그러려면 이상을 부르짖는 사람과 현실을 잊지 않는 사람이 모두 있어야만 합니다.

　　나는 저승에 올라온 최명길에게서 이 이야기를 듣고 눈물을 흘렸습니다. 저 사육신 친구들과 어린 임금을 외면할 때의 내 심정이 바로 최명길의 심정이었으니까요……! 누군가는 정치가 명분을 무시하고 폭주하지 않도록 원칙을 되새겨 줘야 합니다. 하지만 또 누군가는 어쩔 수 없는 현실 앞에서 원칙을 다소 굽히는 주역이 되어야 합니다. 나는 두 가지 길이 모두 의미가 있다고 생각합니다. 저들의 인생도 값지지만, 내 인생도 쓸모가 있었다고 여깁니다. 이게 나의 대답입니다.

　　왜 수양 대군은 왕의 자리를 빼앗았을까?

신숙주는 말을 마치고 눈을 지그시 감았다. 방청석에서는 아까 성삼문의 발언 때만큼은 아니지만, 박수가 터져 나왔다.

**김딴지 변호사**　　알겠습니다! 속 시원하게 말씀을 해 주셨습니다! 여러분, 여기 각자 다른 두 길을 걸어간 사람들이 있습니다. 두 길 모두 가야 할 길이었습니다. 그러나 한쪽 길을 걸은 사람은 분에 넘치는 칭송을 받은 반면, 다른 쪽 길을 걸은 사람은 비난밖에 없었습니다. 이것이 과연 올바른 평가일까요? 다시금 생각해 주시기를 바랍니다. 그럼 저의 질문을 마치겠습니다.

**판사**　　피고 측 변호인, 질문 있으면 하세요.

**이대로 변호사**　　일단 묻죠. 증인이 세상을 떠날 때의 나이는 몇이셨나요?

**신숙주**　　에…… 쉰아홉이었습니다만.

**이대로 변호사**　　성삼문 피고는 서른아홉에 돌아가셨는데, 태어난 해는 그분이 증인보다 겨우 한 해 앞서지만 세상을 떠나는 것은 훨씬 앞선 셈이네요. 그러면 그 20년 동안 증인은, 뭐랄까, 아무도 알아주지 않는 고난의 가시밭길이라도 걸으신 건가요?

**신숙주**　　물질적으로야 별로 불편한 게 없었지요. 하지만 정신적으로는……. 역시 친한 사이였던 김시습이 마치 더러운 물건이라도 보듯이 흘겨보는 모습을 보는 내 마음이 어땠겠습니까?

**이대로 변호사**　　글쎄요, 어땠을까요? 아무튼 성삼문 선생 등에 대해서는 늘 미안하고 안된 마음이 있었겠군요?

**신숙주**    물론이죠.

**이대로 변호사**    그러면 성성금을 어떻게 했지요?

**신숙주**    네……? 누구요?

**이대로 변호사**    성성금을 모르십니까? 바로 성삼문 선생의 누이동생 말입니다! 정확히 말하면 그 아버지 되시는 성승 대감이 첩에게서 본 이복 여동생이죠. 옛날에는 대역죄인의 집안 식구를 노비로 삼고 재산과 함께 공신들에게 나눠 주는 관습이 있었는데, 사육신 사건 이후 증인에게는 노비가 된 성성금이 돌아갔잖아요?

방청석이 조금 술렁거렸다. 피고석에 앉아 있는 성삼문의 얼굴빛이 조금 어두워졌다.

**신숙주**    아……, 그녀요……. 뭐, 나쁘게 대하지는 않았습니다.

**이대로 변호사**    그야 그렇겠죠. 집안일을 부려 먹으려면 학대해서야 되겠어요? 어쨌든 기회를 봐서 그녀를 풀어 주거나 하지는 않고 계속 노비로 부리셨죠?

**신숙주**    …….

**이대로 변호사**    그러고도 이상을 좇아 다른 길을 걸어간 옛 친구를 존경하고 안타까워한다고 말할 수 있습니까?

**신숙주**    …….

**이대로 변호사**    그리고 신면, 신정이라는 이름을 아시죠?

**신숙주**    신면, 신정……. 으음…….

**이대로 변호사**     그렇습니다. 증인의 아들들이죠. 신면은 둘째 아들로, 이시애의 난이 일어났을 때 제대로 대처를 못해 난리를 피우고 스스로 목숨을 잃었죠. 신정은 넷째인데, 무능하고 비열하였으며, 결국 임금의 옥새를 위조하는 등의 범죄를 저질러 처형당하고 말았지요.

**신숙주**     …….

**이대로 변호사**     또 다섯째 신준은 특별히 잘못은 하지 않았지만 능력이나 인품이 모두 볼품이 없어서, 아버지의 후광으로 높은 자리에 있었다는 평가를 받았죠.

**김딴지 변호사**     이의 있습니다! 증인의 집안 문제가 이 재판과 무슨 상관입니까?

**이대로 변호사**     당연히 상관이 있습니다! 지금 증인은 스스로 시대의 희생양이라도 된 듯 말했지만, 실제로는 자신뿐 아니라 자손까지 변절의 대가로 분에 넘치는 부귀영화를 누렸던 것입니다!

**판사**     피고 측 변론을 계속하세요.

**이대로 변호사**     증인은 세종과 문종을 거치며 열심히 노력함으로써 당대의 일류가 될 수 있었습니다. 하지만 자식들은 아버지 덕에 쉽게 높은 자리를 얻다 보니 노력을 게을리 했고, 도덕적으로도 해이해졌습니다. 이것이 바로 명분을 버리고 현실을 택한 사람의 말로인 것이죠!

**신숙주**     ……내가 집안 단속을 제대로 못했음은 인정합니다. 넷째 정이는 '우리 집안을 망칠 놈은 바로 이 녀석이다'라고 한탄을 했을 정도였지요. 변명 같습니다만, 문종 대까지 일개 학사에 그쳤던 나는 세조 대왕 대에 들어 일본과 중국, 만주를 오가며 동아시아 외교의 주역이 되었습니다. 그리하여 나라를 안정시키고 평화를 누리는 일에 어느 정도는 공헌을 했다고 생각합니다. 그러다 보니 아무래도 자식들에게 신경 쓸 틈이 적었습니다. 말씀하신 것처럼 내가 벗들을 배신하고 부귀영화를 누리며 즐겁게 살았기 때문에 자식들이 그리 된 것은 아니라는 말씀을 드립니다.

**이대로 변호사**　하하, 역시 외교관답게 변명이 재빠르시군요! 좋습니다. 그러면 신숙주 증인에 대한 질문은 이것으로 마치고, 저희 측 증인을 모시고 증언을 들어 보았으면 하는데 괜찮을까요?

**판사**　좋습니다. 증인은 그만 내려가시기 바랍니다.


　　판사의 허락에 따라 신숙주는 굳은 표정으로 퇴장하였다.

　왜 수양 대군은 왕의 자리를 빼앗았을까?

## 2

# 사육신의 모의 실패 후,
# 단종은 어떻게 되었을까?

**판사**  그럼 피고 측 증인은 누구입니까?

**이대로 변호사**  조선 제6대 임금인 단종입니다.

**판사**  증인은 앞으로 나와 선서를 해 주시기 바랍니다.


　곤룡포와 익선관 차림이긴 해도 슬픈 얼굴빛의 소년이 법정 안으로 걸어 들어왔다. 원고석에 앉아 있던 세조가 힐긋 쳐다보더니 안색이 변했다. 법정의 모든 시선이 단종에게로 향하며 여기저기서 웅성거림이 일었다.

　"어머, 미소년이네!"

　"생각했던 것보다 더 어려 보여."

　"아유, 불쌍해라. 차라리 왕이 되지 말았더라면……."

**이대로 변호사**     단종께서 어떤 분이시며, 어떤 일을 겪으셨는지 그 대강을 모르는 사람은 아마 없겠지요. 그래도 증인으로 이렇게 나오셨으니 몇 마디 여쭙겠습니다. 전하께서는 조선 제5대 임금이신 문종의 맏아드님이시고, 세종 대왕의 손자이시며, 문종께서 1452년에 붕어하시자 열세 살의 나이로 보위에 오르셨지요?

**단종**     네.

**이대로 변호사**     그러다가 계유정난 이후 수양 대군이 스스로 영의정이 되고 이조 판서에 병조 판서까지 겸하며 모든 권력을 장악했고, 그의 위협에 못 이겨 1455년에 왕위를 넘기고 상왕이 되셨지요?

**단종**     네.

**이대로 변호사**     이를 분히 여긴 우리 피고분들, 사육신이 1456년에 의거를 준비하다가 발각되자, 이듬해인 1457년에 상왕에서도 폐위되어 노산군이라는 이름으로 영월 청령포로 유배를 가셔야 했죠?

**단종**     네.

**이대로 변호사**     세조는 그러고도 임금 자리를 빼앗길까 겁났던지, 또 동생인 금성 대군을 역모로 몰아 제거하고는, 청령포에 갇혀 계시던 전하께도 마수를 뻗쳤죠. 그래서 1457년 10월 말에 열일곱의 나이로 세상을 떠나야만 하셨지요?

**단종**     네.

**이대로 변호사**     정말 안타깝군요! 세종 대왕의 손자로 만인의 축복을 받으며 태어나실 때만 해도 그렇게 되시리라 누가 예상했겠습니까! 부왕의 뒤를 이어서 옥좌에 앉아 계실 때, 어떤 심정이셨습니까?

단종　뭐, 즐겁지는 않았습니다. 내 능력에 비해 무거운 짐이 갑자기 지워지니까 어깨가 한량없이 무거웠고, 김종서 대감이나 수양 숙부나, 내 앞에서는 공손히 고개를 숙이며 아무 일도 없는 듯했지만, 아무리 내가 어렸기로 눈치가 없겠습니까? 늘 보이지 않는 싸움과 적대감이 소용돌이치고 있으니, 숨이 차고 머리가 아픈 나날이었죠.

이대로 변호사　음, 그러셨군요. 그러면 계유정난이 일어나 하룻밤 사이에 김종서 대감 등이 제거되고, 수양 숙부가 모든 권력을 틀어쥐었을 때, 그때는 어떠셨지요?

단종　그야 놀랍고, 무섭고……. 한편으로는 안도감도 들었어요. 언제고 터져야 할 일이 터진 셈이었으니……. 이제부터는 오히려 이리저리 눈치 보지 않고 편안히 지낼 수 있겠다, 싶었죠.

이대로 변호사　음! 그래서 어떠셨나요? 편안해지셨나요?

단종　그건…… 아니오. 오히려 더 힘들어졌지요.

이대로 변호사　어떤 점에서 더 힘드셨죠?

단종　김종서 대감이 있을 때는 황표정사라고 해서 내가 결정할 사항을 미리 문서에 표시해서 올리곤 했죠. 그것이 왕을 무시하는 일이라 해서 수양 숙부께서 권력을 잡으신 뒤로는 폐지하셨는데, 그래서 내가 뭔가 의견을 이야기하면 번번이 "전하, 그것은 아닙니다", "전하, 그러다간 큰일이 납니다", "그냥 저희에게 맡겨 주소서……" 뭐 이런 식이니, 매번 머쓱하기만 할 뿐, 이럴 바에는 무엇 때문에 황표정사를 폐지했나 싶었지요.

**이대로 변호사**　오, 그랬군요! 아까도 김종서 대감 등을 공격하며 황표정사를 들고 나오더니만, 사실은 수양 대군도 다르지 않았고, 오히려 더했군요! 면전에서 왕을 모욕했으니!

**단종**　내가 너무 어리고 아는 게 없었으니, 이해는 합니다. 하지만 성인께서도 어린아이의 말이라도 배울 점이 있다고 하셨고, 무엇보다 장차 왕 노릇을 제대로 하려면 시행착오도 해 가며 정치를 익혀야 하잖습니까?

그런데 수양 숙부는 당연하다는 듯 모든 일을 혼자서 하려고 하셨죠. 김종서 대감이 계실 때 시행한 일 중에 별로 나쁘지 않은 정책도 있었는데, 그래서 나도 이건 꼭 실행하고 싶다, 그랬지만 무시해 버리시더군요.

**이대로 변호사**　저런! 그게 무엇이었는지 말씀해 주시겠습니까?

**단종**　'분경 금지'였습니다. 분경이란 요즘 말로 '로비'라고 할까요. 힘이 있는 대신이나 종친의 집에 찾아가서 선물을 바치며 벼슬자리를 달라고 운동하는 것인데, 당시에는 아주 심했죠. 그래서 김종서 대감과 황보인 대감 등이 이를 일절 폐지하자고 했고, 수양 숙부나 안평 숙부는 반발했어요. 분경을 통해 자기 사람을 만들고 비자금도 확보해 왔는데, 이를 금지한다는 것은 사실상 종친들을 억누르기 위한 꿍꿍이라는 것이었죠.

하지만 나는 설령 그렇다 해도 김종서 대감 등도 사람과 돈을 얻을 길이 없어질 테니 마찬가지다 싶었고, 원칙적으로 잘못된 일은 과감히 그만두도록 해야 한다고 여겼어요. 그러나 계유정난 후에 수양 숙부에게 내 뜻을 말했지만 들어주지 않았죠.

**이대로 변호사**　으음, 세상에 어쩌면…….. 땅에 떨어진 왕권을 높이기 위해, 어쩌고 했던 저들의 말이 얼마나 알량한 거짓말이었는지 확실히 알겠군요! 그러면 수양 대군의 위협에 못 이겨 임금 자리를 넘겨주신 다음에는 또 어쩌셨던가요?

**단종**　수양 숙부는 경복궁을 쓰고, 나는 창덕궁으로 가라 해서 가 있는데, 지금도 진짜인지 아닌지 모르겠지만 도둑을 가장한 한명회의 부하들이 급습하여 나와 중전의 목숨을 노릴 것이라는 소문이 끊이지 않았답니다. 한참을 사용하지 않아서 을씨년스러운 궁에서 밤낮으로 걱정이었죠. 그래서 알량한 상왕 자리에서도 쫓겨나 귀양길에 오를 때 차라리 잘 되었다 싶더라고요. 자연을 벗 삼으며 근심 걱정을 다 잊고 지낼 수 있겠다 싶어서요.

**이대로 변호사**　아아! 정말 듣는 제가 다 가슴이 아픕니다. 그래도 계속 여쭤 볼 수밖에 없으니! 청령포에서 지내실 때는 힘들지 않으셨나요? 듣기로는 식사를 공급해 주지 않아 굶어 죽을 상황에서 인근 동네 주민들이 바가지에 음식을 넣어 띄워 보내줘 간신히 살아가셨다 하던데요?

**단종**　그건 아닙니다. 숙부는 청령포 인근에 따로 나를 위한 채소밭과 과수원을 만들어 먹는 데는 지장이 없도록 해 주었지요. 그리 오래 있지는 않았지만, 궁궐보다 청령포에서 지낼 때가 더 좋았다 싶습니다.

청령포는 단종이 세조에게 왕위를 빼앗기고 유배되었던 곳입니다.

　　이후에 들으니, 나의 운명을 딱하게 여긴 백성들이 나에 관한 설화를 지어낸 경우가 종종 있는 것 같더군요. 내가 죽은 다음 태백산 산신이 되었다거나…….

**이대로 변호사**　　그러고 보니 돌아가실 때 구체적으로 어떻게 돌아가셨는지의 이야기가 여러 가지더군요. 한양에서 온 밀사가 목을 졸랐다느니, 사약을 받았다느니, 칼로 베고는 강물에 던져 물고기 밥으로 만들었다느니……. 괴로우시겠지만 이 자리에서 그때의 실상을 말씀해 주시면 안 될까요?

**단종**　　아……! 죄송하지만 그 이야기만은 하고 싶지 않습니다! 떠올리기만 해도 괴롭군요……. 부탁인데 그 증언은 요청하지 말아 주

세요. 다만, 내 뜻에 따른 죽음은 아니었습니다.


"나쁜 놈!"
"저렇게 어린 소년을 어떻게······. 그것도 남도 아니고 숙부라는
인간이!"
　방청석에서 수양 대군을 손가락질하며 비난을 퍼부었다. 수양 대
군은 짐짓 태연한 얼굴로 앉아 있었다.


**이대로 변호사**　　알겠습니다. 제가 너무 괴롭혀 드린 것 같군요. 죄
송하다는 말씀과 감사하다는 말씀을 드립니다. 그러면 한 맺힌 혼이
조금이라도 평안하시기를 빌며, 질문을 마치겠습니다.


　김딴지 변호사는 판사의 허락을 받고 단종의 앞으로 다가섰다.


**김딴지 변호사**　　안녕하십니까? 김딴지라고 합니다. 단종 전하의 슬
픈 운명은 저도 동정하고 있습니다만, 입장이 입장인 만큼, 몇 가지
질문을 드려도 되겠지요?
**단종**　　네, 얼마든지요. 내가 증인으로 나왔으니까요.
**김딴지 변호사**　　고맙습니다. 먼저, 지난 재판에서 증인의 큰할아버
지 되시는 양녕 대군께서는 당시 세조께서 일어서지 않으셨다면 김
종서와 안평 대군이 왕위를 빼앗았을 것이라고 하셨습니다. 김종서
대감은 그럴 리가 없으며, 안평 대군은 몰라도 자신은 끝까지 증인

을 지켰을 거라고 했고요. 어느 쪽 말이 맞을까요?

단종 음, 글쎄요. 그건 나도 잘……. 나는 수양 숙부의 이야기만 들었을 뿐이고, 실제로 김 대감과 안평 숙부가 무슨 생각을 하고 있었을지는…….

김딴지 변호사 그렇군요. 하지만 금성 대군 일도 있었고, 어떻게 되더라도 증인의 옥좌가 평화로웠을 것 같지는 않아요. 그렇죠?

단종 네…….

김딴지 변호사 그렇다면 증인은 어떤 시나리오가 가장 낫다고 보십니까? 첫째, 실제 역사대로 수양 대군이 증인의 자리를 차지한다. 둘째, 안평 대군이 수양 대군을 없애고 증인의 자리를 차지한다. 셋째, 김종서가 수양 대군과 안평 대군을 없애고 증인을 허수아비로 세워 고려의 무신정권처럼 집권한다.

단종 호랑이에게 물려 죽으나, 사자에게 물려 죽으나 아닐까요. 그래도 굳이 따지자면, 수양 숙부가 나 대신 왕이 된 게 조금은 낫지 않았을지…….

단종이 이렇게 자신의 뜻을 밝히자, 이대로 변호사와 사육신은 갑자기 불안해졌다.

김딴지 변호사 오! 왜 그럴까요?

단종 수양 숙부의 재능이 그 세 사람 중 제일 나았으니까요. 김종서 대감도 훌륭한 분이지만 나이가 너무 드신 상태였고, 안평 숙부는 예술적 재능은 뛰어나도 정치적 재능은 좀 모자랐지요. 어차피 내가 희생될 수밖에 없다면, 나라와 백성에 조금이라도 더 나은 사람이 그 자리에 앉는 게 나았으리라, 이런 뜻입니다.

**김딴지 변호사**　아하, 그렇군요! 그렇게 보시는군요! 그렇다면 한 가지만 더. 사육신들이 증인을 위해서라는 깃발을 내걸고 음모를 꾸미다가 들통나지 않았습니까?

**단종**　네…….

**김딴지 변호사**　그래서 결국 오히려 증인의 입장을 더 난처하게 만든 셈인데, 어쨌든 그들의 음모가 성공했다고 칩시다. 세조 전하가 시해되고, 사육신의 손으로 증인이 다시 옥좌에 앉았다면? 이후 나라는 태평하고 백성들은 평안하며 증인 스스로는 안락하게 살아갈 수 있었을까요?

단종은 난처한 얼굴로 피고석의 사육신을 둘러봤다. 그리고 잠시 망설이다가, 이내 미안하다는 표정을 지으며 말을 이었다.

**단종**　음……, 실제로 일어나지 않은 일이 어떻게 돌아갔을지 말하기란 어렵습니다. 하지만 아마도…… 그렇지는 않았을 것 같네요. 옥좌를 되찾았지만 나는 여전히 어리고, 사육신은 이상에 불타는 분들이지만 김종서 대감이나 수양 숙부처럼 나라를 힘차게 이끌어 갈 분들로는 아직 미숙하니……. 결국 또 다른 혼란이 일어나지 않았을까요?

**김딴지 변호사**　제 생각도 바로 그렇습니다. 정말 감사합니다. 자, 여러분! 여기 증인석에 계신 분은 어쩌면 저기 피고들보다도 원고에게 많은 피해를 입으신 분입니다. 하지만 그분이 생각하시기에도 김종서, 안평 대군, 사육신, 어느 쪽도 수양 대군 대신 정권을 잡았다면 더 좋지 않은 상황이 되었으리라는 것입니다! 이 점을 잊지 말아 주시기를 바라며, 제 질문을 마치겠습니다.

　판사는 단종에게 퇴장해도 좋다고 허락했다. 그리고 더 변론할 내용이 있느냐고 양쪽 변호사에게 묻고는 법봉을 들어 오늘의 재판을 마친다는 선언을 했다.

**판사**　오늘도 열띤 분위기 속에서 귀중한 증언이 많이 나온, 유익한 재판이었습니다. 그러면 다음 재판 때는 원고인 세조의 정치가 과연 어떠했는지 집중적으로 알아보기로 하고, 오늘 재판은 이것으로…….

　그때였다. 퇴장하지 않고 머뭇거리고 있던 단종이 별안간 법정 경위의 손을 뿌리치고 달렸다. 원고석 앞에 서서, 깜짝 놀라는 수양 대군에게 소리쳤다.

**단종**　숙부! 수양 숙부! 접니다. 당신의 조카인 이홍위예요!
**수양 대군**　…….

**단종**  아, 숙부! 숙부! 왜 그러셨나요? 왜 그러셔야만 했나요? 뭐라고 말을 해 보세요. 저를 보세요! 저승에 온 후로 저와는 한 번도 만나지 않으셨죠! 사과를 바라지는 않아요. 그냥 왜 그랬는지 말 좀 해 보세요……. 아니, 절 보세요! 제발 절 한 번 바라보기라도 하세요! 숙부!

**수양 대군**  …….

경비들의 손에 억지로 끌려가면서도, 단종은 안간힘을 다해 수양 대군에게 절규했다. 결국 그가 눈물을 뿌리며 물러날 때까지 세조는 돌처럼 굳어 있었다. 단종의 구슬픈 울음소리가 들리지 않게 되자, 수양 대군의 고개가 꺾이듯 숙여지더니 어깨가 들썩이기 시작했다.

**수양 대군**  으…… 흐, 흐……. 으흐…… 으 흐…… 흐으…….

수양 대군은 고개를 흔들며 감정을 주체하지 못하고 눈물을 흘렸다. 이 모습을 지켜보던 변호사도 판사도 배심원도 방청객도 모두들 한동안 말을 잊은 듯했다.

**판사**  흠흠, 그럼 이것으로 두 번째 재판을 모두 마치도록 하겠습니다.

땅, 땅, 땅!

**다알지 기자**

시청자 여러분, 안녕하세요. 저는 한국사법정 앞에 나와 있는 다알지 기자입니다. 오늘은 수양 대군 대 사육신의 두 번째 재판이 벌어졌는데요. 상당히 흥미진진하게 진행되었습니다. 원고 측 증인으로 성삼문을 비롯한 사육신의 동료였던 신숙주가 등장해 이상과 현실 정치 속에서 수양 대군을 옹호할 수밖에 없었던 이유를 설명했습니다. 이에 피고 측은 명분을 버리고 현실을 택한 신숙주와 그의 가문을 비난했습니다. 한편 역사의 희생자 단종 역시 출두하여 한맺힌 세월을 생생하게 증언했습니다. 그럼 오늘은 양측 변호사들을 인터뷰해 보기로 하겠습니다.

**김딴지 변호사**

　두 번째 재판이 저희 원고 측에 매우 유리하게 진행되었는데, 마지막에 예기치 못하게 단종이 눈물을 흘리는 바람에 저도 좀 당황했습니다. 단종의 큰할아버지인 양녕 대군은 세조가 왕위를 차지하지 않았다면 김종서나 안평 대군이 권력을 차지했을 것이라 말했으며, 이에 대해 단종 또한 수양 대군이 왕좌에 앉은 것이 최선의 선택이었다고 인정했습니다. 다만 단종의 절규와 저희 원고의 눈물이 배심원들의 감정을 자극해 공정한 판결을 방해할까 염려스럽습니다. 불쌍한 것은 불쌍한 것이고, 진실은 진실이니까요.

**이대로 변호사**

마지막에 벌어진 일은 저도 놀랐습니다. 하지만 그때까지 유리하게 재판을 진행하셨다뇨? 나 원 참. 누가 유리했는데요? 피고 성삼문의 발언에 쏟아진 박수를 벌써 잊으셨나 보군요. 뭐, 놔두십시다. 김 변호사님은 늘 저렇게 거만을 떠시다가 보기 좋게 지시더라고요. 원고 수양 대군은 비록 어리긴 해도 왕이신 단종 임금에 사사건건 참견했고, 위협을 가해 왕의 자리를 빼앗은 후에 청룡포로 유배를 보냈습니다. 원고에게 왕의 자리가 그다지도 탐이 났는지 다시 한 번 묻고 싶습니다. 자, 그럼 저는 마지막 재판을 위해 준비하러 가 보겠습니다!

왜 수양 대군은 왕의 자리를 빼앗았을까?

# 세조 시절의 조선의 문화

세조가 된 수양 대군. 수양 대군이 살던 그 시절 조선은 어떠했을까요? 현재 전해지는 당시의 유물을 살펴보며 그 시절 조선의 모습을 짐작해 봅시다.

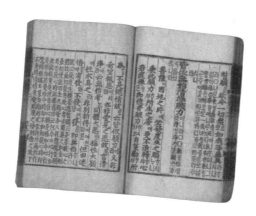

대방광원각수다라료의경

'부처의 큰 깨달음에 대한 가르침'이라는 또 다른 긴 제목의 이 유물은 조선 세조 때 설치한 간경도감에서 간행한 것입니다. 인쇄가 정교하고 꼼꼼하게 만들어진 것을 알 수 있지요. 이 책의 책머리에는 간행에 참여한 우의정 황수신을 비롯한 19명의 이름이 적혀 있습니다. 현재 보물 970호로 지정되어 관리되고 있지요. 그뿐만 아니라 당시 한글을 연구하는 데 귀중한 자료로도 사용되고 있습니다.

### 분청사기 연꽃넝쿨무늬 병

'분청사기'란 회색 또는 회흑색의 흙 위에 흰색 흙으로 표면을 분장한 도자기를 말합니다. 사진 속의 이 유물은 나팔처럼 벌어진 입구 부분에서 좁은 목을 지나 몸통 아래에서 벌어지는 형태의 병입니다. 술과 같은 액체를 담았을 것으로 짐작됩니다. 이름처럼 이 도자기에는 연꽃이 그려져 있고, 줄기와 점을 찍어 여백을 채워 넣었지요. 세조 때인 조선 초기에 많이 만들어진 형태로 15세기의 유물로 분석되고 있습니다. 현재 보물 1067호로 지정되어 있지요.

### 백자 연꽃넝쿨무늬 대접

고려 시대에 청자가 있다면, 조선 시대에는 백자가 있다고 얘기될 정도로 조선의 백자는 이름 높은 우리의 유물입니다. 흰 흙으로 만든 형태 위에 무색의 투명한 유약을 입혀 구워 낸 자기의 일종인 백자는 조선 시대 가장 사랑받는 도자기였지요. 세조 때에도 예외는 아니어서 15세기에도 많은 백자가 만들어졌습니다. 사진 속의 유물은 대접의 형태로 단정하게 빚은 도자기에 연꽃넝쿨무늬를 그려 넣은 것이 특징입니다. 경기도 광주에서 만들어진 것으로 보이는 국보 175호의 유물이지요.

봉사조선창화시권

'창화시'란 시를 읊으면 다른 사람이 받아 노래하는 '화답시'를 말하는
데, 이 '봉사조선창화시권'은 명나라 사신인 예겸과 집현전 학사인 성삼
문, 신숙주, 정인지 사이에 나눈 창화시입니다. 예겸은 세종 32년에 조선
을 방문하여 우리나라 학사들과 친분을 쌓은 인물이지요. 당시의 기록
을 보면 서로 시를 한 수씩 주고받으며 문화 교류를 한 것을 알 수 있습
니다. 이 유물은 그 이후인 1450년, 즉 세조 때 만들어진 것으로 지금은
보물 1404호로 지정되어 보호받고 있지요.

# 세조의 정치는
# 훌륭했을까?

1. 세조는 세종의 참된 후계자였을까?
2. 훈구파와 사림파란 무엇일까?

# 세조는 세종의
# 참된 후계자였을까?

**판사** 여러분, 드디어 마지막 재판을 맞았습니다. 끝까지 미련이 없도록, 역사에 한 점의 의혹도 남지 않도록 모두들 최선을 다해 주시기 바랍니다! 그러면 첫 번째 재판에서 수양 대군이 계유정난을 거쳐 왕이 되기까지를, 두 번째 재판에서 사육신 사건과 단종의 죽음을 다루었으니, 오늘은 사육신의 모의에서 살아남은 세조가 과연 어떤 정치를 펼쳤고, 어떤 업적을 남겼는지를 살펴보기로 합시다. 원고와 피고, 어느 쪽부터 하시겠습니까?

**김딴지 변호사** 지난 재판에서는 두 번 모두 제가 먼저 시작한 것 같은데, 오늘은 피고 측에서 먼저 하시죠? 재판에서 지고 난 뒤, 이 변호사께서 재판 과정이 불공평했다는 등 괜한 소리를 하실까 봐요.

**이대로 변호사** 고맙습니다만 나중에 하겠습니다. 고수일수록 뒤에 나오죠, 아마?

**정자관**
선비들이 평상시에 머리에 쓰던 말총으로 만든 관입니다.

김딴지 변호사와 이대로 변호사는 잠시 신경전을 벌이다, 결국 김딴지 변호사가 먼저 일어났다.

**김딴지 변호사**    자, 그러면 세조 전하의 업적을 상세히 알아볼 필요가 있겠지요? 본인께서 여기 앉아 계십니다만, 스스로 자신의 업적을 설명하는 것도 좀 이상하고 하니, 생전에 그분과 가장 가까웠고 '평생 동지'였던 한명회 대감을 증인으로 모시고자 합니다!

한명회는 관복을 입고 등장하던 다른 사람들과 달리 도포에 정자관을 쓴 차림으로 여유 있게 걸어 나왔다. 판사에게 먼저 공손히 인사하고, 세조에게, 그리고 배심원, 김딴지 변호사 등에게 두루두루 인사를 건넸다.

**김딴지 변호사**    유명하신 한명회 대감을 이렇게 직접 뵙게 되어 영광입니다!

한명회    나도 영광이올시다. 부디 잘 부탁드립니다.

**김딴지 변호사**    아이구, 귀한 증언을 해 주려고 나오셨는데 제가 잘 부탁드려야죠. 그나저나 대감께서는 세조 대왕의 오른팔로 평생을 함께하셨던 분이죠?

한명회    그렇죠. 부끄럽습니다만 내가 약간의 재주가 있다 하여,

**배향**

죽은 뒤, 공을 세운 신하의 위패가 종묘에 모셔지는 것을 말합니다.

**의정부 서사제**

조선은 초기에 6조 직계제와 의정부 서사제를 통해 국정을 운영했는데, 6조의 업무는 의정부에 보고되었는데 이 제도는 의정부의 권한이 강화되는 것으로 왕권을 견제하는 역할을 하였습니다.

**6조 직계제**

세조는 왕권 강화를 위해 6조의 판서가 담당 업무를 의정부에 보고하는 의정부 서사제와 달리 왕에게 직접 보고하는 6조 직계제를 운영하였습니다.

**교과서에는**

▶ 세조는 왕권을 강력하게 만들고자 국정을 다시 6조 직계제에 따라 운영하였습니다. 한편 공신이나 언관들의 활동을 견제하고자 집현전도 없애고, 정기적인 경연도 열지 않았지요.

전하께서 나를 '장자방'이라고 부르셨죠. "한명회는 용과 같은 사람이다"라고도 하셨고요. 전하를 도와 계유정난을 성공시킨 공로로 정난공신 1등이 되었고, 전하의 즉위를 도운 공로로 좌익공신 1등이 되었죠.

평생 전하를 모셨고, 전하께서 유명을 달리하신 뒤에는 다시 그 아드님이신 예종과 손자이신 성종을 받들어, 대를 이어 충성했죠. 죽고 나서는 세조 대왕의 묘에 **배향**되었으니, 나와 전하의 인연은 참으로 각별하다고 할 수 있겠습니다.

**김딴지 변호사**　　그야말로 '세조 시대'를 설명해 주실 수 있는 최적임자라 여겨집니다! 자, 그러면 말씀해 주시죠. 세조 대왕의 업적에는 어떤 것이 있습니까?

**한명회**　　음, 업적이야 아주 많죠! 행정에서는 김종서 같은 사람을 나오게 만든 **의정부 서사제**를 폐지하고, 태종 대왕께서 세우신 ▶**6조 직계제**로 돌아갔으며, 지방의 향청을 폐지하여 전하를 중심으로 일사불란하게 돌아가는 조직으로 재정비하셨죠.

경제 분야에서는 개국과 함께 세웠던 과전법 체제의 문제점을 극복하여 직전법 체제로 토지 세제를 바꾸셨고, 이에 따라 재정에는 한층 여유가 생겼죠.

또한 농업을 크게 장려하셨답니다. 『금양잡록』, 『사시찬요』 등의 농서가 이때 나왔고, 농사를 지을 수 없다고 여겨져 버려져 있던 황무지를 개간하도록 관리들을 먼저 다그치고, 농민이 따르게 함으로써 새로운 경작지를 많이 만들어 내셨죠. ▶농사에 쓰도록 일본에서 물소를 수입해서 보급하기도 하셨고요. 누에를 길러 옷감 재료를 얻는 양잠업 장려를 위해서 『잠서』라는 양잠 해설서를 한글로 번역해 보급하셨죠.

문화 분야에서는 친히 군사학과 역리학, 의학을 연구하여 책을 내시고, 『동국통감』 같은 역사서, 『월인석보』 같은 불교서, 한국 최초의 요리책인 『산가요록』, 최초의 식이요법서인 『식료찬요』 등을 펴내게 하셔서 우리 민족문화를 풍부하게 하셨죠. 한편 우리 고유의 법전을 집대성하셔서 성종 임금 대에 완성되는 『경국대전』을 마련하셨고요.

그 가운데에서도 가장 두드러진 업적은 국방 분야에서 이루어졌죠. ▶▶호패법을 실시하고 진관 체제를 수립하여 전 국토의 방위 체계를 크게 향상시켰습니다. 고질적인 안보 위협 요인인 북방 여진족에게 공격적으로 대처해 나를 비롯해 신숙주, 양정, 어유소 등의 공신들이 직접 찬바람 몰아치는 북방으로 가서 방위 체제를 강화하고 적을 격파하게 하셨죠. 그래서 세종 시절 4군을 설치할 때 우리와 맞섰던 여진족의 우두머리인 이만주의 목을 베는 성과도 올렸고요.

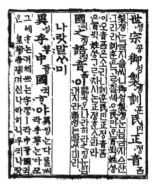
석가의 일대기를 다룬 『월인석보』

▶ 조선은 세종 대왕이 창제한 한글을 널리 보급하기 위하여 왕실 조상의 덕을 기린 『용비어천가』, 부처님의 덕을 노래한 『월인천강지곡』 등을 한글로 간행하였습니다. 이 밖에 불경, 농서, 윤리서, 병서 등도 한글로 번역하여 편찬하였습니다.

▶▶ 세조는 농민들이 향촌 사회를 빠져나가는 것을 막기 위해 열여섯이 넘는 남자를 대상으로 패를 차고 다니도록 했는데, 이를 호패법이라 하며, 일종의 신분 증명서와 같은 역할을 했습니다. 한편 세조는 전국의 행정 단위인 군현을 군사 조직인 진으로도 편성한 진관 체제를 통해 군사와 행정을 일원화하였습니다.

나만 해도 전하의 명을 받들어 북방을 수십 차례나 오가며 불철
주야 나라 지키기에 애를 썼답니다. 그래서 북방은 비로소 안정되었
고, 조선은 이후 오랫동안 평화를 누릴 수 있게 된 것이죠.

**김딴지 변호사**　　　오오! 저도 세조께서 많은 업적을 세우신 줄은 알았
어도 이렇게 대단한 줄은 미처 몰랐습니다. 세조께서 계실 때 조선
의 국격이 한층 올라갔을 것 같군요! 음, 그러면 말이죠. 세조의 업적
을 한마디로 정리하자면 뭐라고 말할 수 있겠습니까?

**한명회**　　　음……, 뭐라고 해야 할까……. 그래요. 이렇게 말씀드리
는 게 가장 좋겠군요. '세조 전하는 바로 세종 전하의 진정한 후계자

였다'라고 말입니다.

**김딴지 변호사**    음! 앞서 양녕 대군께서도 세종께서 문종이 아니라 세조께 바로 왕위를 물려주셨어야 했다고 하셨는데……. 왜 그렇게 보시는지 여쭤 봐도 될까요?

**한명회**    세종 대왕의 업적이 무엇일까요? 왜 그분을 천하의 명군이라고 할까요? 어느 한 분야에 치우치지 않고 경제·국방·문화 등등에서 두루 훌륭한 업적을 남기셨기 때문이 아니겠습니까? 그리고 그 핵심은 나라의 번영과 백성 살림살이의 안정이라 하겠지요.

세조 대왕 역시 방금 말씀드린 대로 치우침 없이 모든 분야에서 위업을 쌓으셨지요. 나라와 백성에게 모두 큰 덕을 베푸셨고요. 조선에는 그 뒤에도 여러 명군이 나왔지만 대부분 문치에만 치중하는 식이어서 세종과 세조 대에 볼 수 있었던 전면적인 국가 발전을 볼 수 없었지요. 그리고 세종께서 개척하신 4군 6진의 마무리를 하셨고, 세종께서 창제하신 훈민정음으로 백성들이 널리 볼 농서와 의서 등을 지어 보급하셨으니, 세조 전하야말로 세종의 참다운 후계자가 아니겠습니까?

**김딴지 변호사**    오! 듣고 보니 참으로 그렇군요! 그걸 보면 역시 다소의 잡음은 있다 해도 왕위가 세조에게 돌아간 것이 조선을 위해서는 다행이 아니었나 싶습니다.

**한명회**    물론이죠. 그러니 세종께서 처음부터 세조를 후계자로 세우셨다면 그런 '잡음'조차 없었을 것을……. 하긴, 그러면 저처럼 초야에 묻혀 있던 사람은 등용될 기회가 없었을지도 모르겠군요. 핫핫

국격
나라의 품격을 이르는 말입니다.

『용비어천가』
세종이 훈민정음을 창제한 뒤 이를 처음으로 사용해 지은 것으로, 조선 왕조 창업의 위대함과 조선의 유구함을 노래한 악장입니다.

핫……!

**김딴지 변호사**　그럴지도요……? 하하. 그러면 질문을 마칩니다. 귀중한 증언에 감사드립니다.

　　　　김딴지 변호사가 물러나자, 이대로 변호사가 팔을 북북 긁으며 일어섰다.

**이대로 변호사**　아이구, 가려워! 나 원 참, 하도 어처구니없는 『용비어천가』를 듣고 있으니 막 여기저기가 가렵군요! 그런 의미에서는 원본 『용비어천가』를 지으신 세종 대왕을 계승하긴 했나 보죠? 참, 어림 반푼어치도 없는 소리를?

**한명회**　흠, 난 법은 잘 모르지만, 변호사가 증인한테 그렇게 모욕적인 말을 해도 괜찮은 건가요?

**김딴지 변호사**　맞습니다! 판사님, 피고 측의 폭언에 징계를 요청합니다!

**판사**　징계는 곤란합니다. 다만 피고 측에 주의를 드립니다.

**이대로 변호사**　알겠습니다. 하지만 워낙 어이 없는 이야기를 들으니 자제가 쉽지 않군요. 뭐, 세조가 세종의 참다운 후계자라고요?

**한명회**　그렇소. 뭐가 잘못이오?

**이대로 변호사**　완전히 잘못이죠! 세종 대왕이 두루 업적을 남기셔서 명군이라고요? 그렇게 볼 수도 있겠죠. 하지만 그보다 모두 함께 가자는 소통과 화합의 정신, 백성을 사랑하고 인명을 존중하는 크신 사랑, 그것이 세종을 조선의 스물일곱 임금 중 으뜸으로 꼽게 하는 것 아닙니까?

**한명회** 무슨 말인지 잘 모르겠군요. 소통과 화합이라? 대체 그게 무슨 뜻이오?

**이대로 변호사** 아실 턱이 없겠죠. 증인이나 원고나 소통과 화합이라는 덕목과는 담을 쌓으신 분들이니! 세종께서는 사소한 문제라도 되도록 신하들과 일일이 의논을 하시고, 합의를 이루어 추진하셨습니다. 그래서 의정부 서사제를 도입하여 정승들과 업무를 분담하셨지요. 그런데 아까 자랑스럽다는 듯 세조는 의정부 서사제를 없앴다고 하셨죠?

또한 경연의 자리에서 여러 신하들과 허심탄회하게 토론하시고, 하급 관료들하고까지 윤대라는 자리를 마련하여 의견을 듣고 토론을 하셨지요. 그런데 세조는 어떻습니까? 윤대는 고사하고 **경연**조차 폐지해 버렸죠? 그리고 신하들을 불러서 회의를 할 때도 한두 신하의 말만 들을 뿐, 나머지는 허수아비처럼 세워 놓은 채 자기 뜻대로 처리하고는 했죠?

1430년, 즉 세종 12년의 공법 여론조사를 아십니까? 관리들끼리 아무리 열심히 제도를 만들어도 백성의 입장에서는 불편할 수 있다고 여기서서, 2년에 걸쳐 전국의 모든 백성을 대상으로 여론조사를 하신 끝에 공법을 제정하셨죠. 그런데 세조는요? 아까 말한 과전법에서 직전법으로의 전환, 이 중요한 일을 신하들의 의견도 묻지 않은 채 혼자서 뚝딱 결정해 버렸죠?

**윤대**
조선 시대에 문무 관리들이 서로 돌아가며 궁중 회의에 참석해 임금의 질문 등에 대답하는 것을 말합니다.

**경연**
고려와 조선 시대에 임금이 학술이나 도의를 토론하며 신하들과 더불어 국정을 논의하던 일입니다.

**한명회**     흠.

**이대로 변호사**     훈민정음만 해도 그 서문에 있듯 '어리석은 백성이 쉽게 익히어 나날의 씀씀이에 편리하도록' 한 것이었고, 따라서 백성과 지배층의 소통에 기여하는 수단이었죠. 하지만 세조는 사육신이나 단종을 처리한 것을 두고 백성이 비판하는 내용을 써서 벽에 붙이는 일이 잇따르자, 백성의 한글 사용을 엄격히 통제했어요. 백성이 읽을 수 있게 농서나 의서를 한글로 풀어 보급했다고 하지만, 그것은 일방통행이지 제대로 된 소통이 아닌 것이죠.

그리고 집현전을 폐지하고 사헌부, 사간원 등의 규모를 축소하여 선비들이 바른말을 하지 못하게 막았고, 세종 시대의 문화 발전의 원동력을 끊어 버렸죠. 소통과 화합은 없고 독재만 있으니 백성이 무엇을 원하는지를 알 턱이 없고, 따라서 올바른 정치가 행해지지 못했죠!

그토록 자랑하는 북방의 **경략**만 해도 여진과의 화합 시도는 없고 계속해서 정벌뿐이니, 전쟁이 그칠 날이 없어 백성의 시달림도 계속되었죠. 그뿐입니까? 북방에 우리 인구가 적어서 여진족이 잘 쳐들어온다 하여 남부의 백성을 강제로 이주시키는 '사민 정책'을 막무가내로 밀어붙였죠. 사민 정책은 세종 때도 있었지만 그토록 무자비하지는 않았거든요? 그런데 무슨 세종의 후계자를 자처하며, 무슨 나라와 백성의 평안을 말합니까?

**한명회**　　음.

**이대로 변호사**　　그뿐이 아니죠. 세조의 정치는 조선 역사에 오랫동안 남을 병폐를 심어 놓았습니다. 그것은 바로 증인에게서 볼 수 있죠.

**한명회**　　그건 또 무슨 소리요?

**경략**
점령한 지방이나 나라를 다스리는 것을 말합니다.

# 2

## 훈구파와 사림파란
## 무엇일까?

**이대로 변호사**   사육신 사건으로 뜻있는 선비들이 희생되고, 집현전이 폐지되며, 소통이 막히는 것을 보며 많은 선비들이 과거를 포기하고 시골에서 묻혀 살았죠. 그러다 보니 조정의 관직은 누가 차지하였겠습니까? 증인이나 지난 재판의 증인인 신숙주, 그리고 홍윤성, 홍달손 같은 공신들의 일가친척들이나 그들에게 뇌물을 바친 소인배들이 대부분이었죠!

**한명회**   흐흠.

**이대로 변호사**   이 공신들은 독재자 세조에게는 고개를 숙이고 있었으나, 뒤를 잇는 왕들 앞에서는 태도가 달랐죠. 왕은 젊고 정치 경험이 부족한 반면 증인 같은 공신들은 산전수전 다 겪은 능구렁이들이니까요! 결국 임금을 허수아비로 만들고 힘센 신하들이 정치를 좌

지우지하는 상황이 빚어졌습니다.

바로 세조가 그렇게 못마땅하게 여긴 상황이 재현된 것이지요! 그것도 이번에는 몇몇 정승들이 아니라 수십 수백 명의 공신 집단이! ▶이들을 역사적으로는 '훈구파'라고 부릅니다. 권력 남용과 왕권 위협, 부정부패의 대명사라고 할 수 있는 집단이죠!

**한명회**　계속해 보시오.

**이대로 변호사**　증인 한명회만 하더라도 방금 세조, 예종, 성종 3대를 섬겼다면서 짐짓 충신인 체했죠. 하지만 실상은 예종이 될 왕자에게 딸을 시집보내고는 그가 왕이 되니까 임금의 장인으로서 온갖 세도를 다 부렸죠! 그러나 뜻밖에 예종이 일찍 세상을 떠나자, 다음 왕으로 엉뚱하게도 예전에 죽은 의경세자의 아들인 어린 자을산군을 왕으로 내세웠죠! 그가 성종인데, 열세 살 나이인 데다 만이인 월산 대군이 떡하니 있음에도 굳이 그를 왕으로 만든 것은 자을산군에게도 딸을 시집보내 놓고 있었기 때문이었죠! 조선 최초로 두 왕의 장인 노릇을 하면서 얼마나 떵떵거리고 살았습니까?

**한명회**　내가 그랬던가요? 흠, 그래서요?

**이대로 변호사**　아까 김 변호사께는 말씀을 잘하시더니, 제 질문이 시작되고는 흠이니 흥이니 하고 한마디씩밖에 안 하시는군요. 왜 그러시는 거죠?

**한명회**　뭐, 질문을 한다면서 변호사 스스로 열변을 토하고 계신데 굳이 내가 대답해야 하겠습니까? 살아 있을

▶ 훈구파는 세조가 집권한 뒤 일어난 공신으로서 정치적 권력을 장악하고 왕실과 혼인하면서 막강한 세력을 획득하였지요. 이들은 주로 막대한 토지를 소유한 대지주층이었으며, 15세기 이후에는 상공업의 이익도 독점하고자 하였습니다. 하지만 이들은 조선 초기에 여러 가지 문물을 정비하는 데 크게 기여하였습니다.

때도 숱하게 들어 본 소리라 따분하기도 하고요. 하지만……!

**이대로 변호사**　　하지만, 뭡니까?

**한명회**　　우리가 부패했다? 흠, 어느 정도는 그럴지도 모르겠소. 하지만 우리가 아니면 누가 정치를 해야 한단 말이오? 저 사육신 같은 선비들? 흐흥! 저들로 말하면 암살이라는 문제를 놓고도 해야 하네 말아야 하네 하다가 기회를 놓친 인물들 아니오? 그런 자들이 정치를 한다고?

　　선비라는 사람이란 어떤 사람이오? 글공부나 달달 하며 말 한 번

못 타 보고, 활 한 번 안 쏴 보고, 경제가 어떻게 돌아가는지, 기술을 어떻게 개발하는지도 모르는 이들이오. 조선 초기의 선비들은 문과 무에 모두 밝은 사람도 있었고, 실용 지식이 풍부한 사람들도 있었지만 중기부터는 영 글쟁이 꽁생원들만 선비라 불리게 되었단 말이오.

그런 인간들이 밤낮 꽃이야 나비야 달이야 별이야 하다가 시 한 편 잘 써서 과거에 급제하고, 정치를 어떻게 해야 좋은가, 하니 공자 왈 맹자 왈, 이기(理氣)가 어쩌고, 성경(誠敬)이 저쩌고밖에 모르지 않겠소! 우리 훈구파는 글쟁이들이 아니라 실제 정치와 경제를 아는 사람들이었소. 말했다시피 나도 신숙주도 북방을 누비며 억센 여진족과 맞서며 경력을 쌓아 왔소!

그래서 우리 훈구파가 집권했을 때는 나라 살림이 풍족하고 외적은 감히 넘보지 못했었소. 그러나 '사림파'라고 하는 선비 집단이 정권을 잡으니 어땠소? 임진왜란에 병자호란에 임금은 사방으로 쫓겨 다니고, 애꿎은 백성은 죽고 다치고! 뭐, 사림파 때는 부정부패가 없었소? 권력 싸움을 안 했소? 따져 보면 그 밥에 그 나물인데 위선이나 떨고 고상한 체나 해 대기는! 나는 나의 인생에 대해 당당하오. 우리 훈구파들도 다 말이오!


한명회가 법정이 쩌렁쩌렁 울릴 만큼 큰 목소리로 열변을 토하자, 이대로 변호사도 잠시 할 말을 잊고 증인을 쳐다보았다. 사육신은 초조한 얼굴이고, 수양 대군과 김딴지 변호사는 싱글벙글이다.

**이대로 변호사**　그래요. 그렇단 말이군요. 세조와 훈구파의 정치에 대해 아무 거리낌이 없으시다, 이겁니까?

**한명회**　바로 그거요. 불만이시오?

**이대로 변호사**　뭐, 저야 불만이 있겠습니까. 그 시대를 살아야 했던 백성이 불만이겠죠. 증인은 아무리 말해도 이야기가 안 통할 것 같으니 그만 물러가시죠. 제 증인하고 이야기를 해야겠습니다.

　　한명회는 수양 대군 등에게 인사를 한 뒤 거드름을 피우면서 퇴장했다. 이어서 증인으로 호명된 작은 체구에 호리호리한 관복 차림의 남자가 등장했다. 남자는 또렷한 음성으로 선서를 한 뒤 증인석에 앉았다.

**이대로 변호사**　김일손 선생님! 처음 뵙겠습니다.

**김일손**　네, 모쪼록 잘 부탁합니다.

**이대로 변호사**　네. 죄송하지만 김일손 증인에 대해서는 모르시는 분들이 많을 듯하니, 간단하게 자기소개부터 해 주시겠습니까?

**김일손**　네. 나의 이름은 김일손, 호는 탁영(濯纓)이며, 자는 계운(季雲)입니다. 성종 임금이 계시던 1486년에 과거에 급제하고, 여러 관직에 있었다가 성종께서 돌아가신 뒤에 사관으로서 『성종실록』을 편찬하는 일을 맡았지요.

　　그때 훈구파 대신의 한 사람이던 이극돈이 자신에게 불리한 내용을 빼달라고 넌지시 부탁했는데 내가 거절하자 앙심을 품고 있었지

요. 그러다가 내가 나의 스승 되시는 김종직 선생님께서 지으신 '조의제문(弔義帝文)'의 내용을 실록에 포함시켰는데, 그것이 '불경하다', '세조를 능멸하였다'며 이극돈과 유자광 등의 훈구파가 나를 탄핵했습니다. 그래서 나뿐 아니라 김종직의 제자라는 이유 등으로 많은 선비와 젊은 관리들이 죄를 받고 처형되거나 유배되었죠. 이것을 '무오사화'라 합니다. 연산군 4년인 1498년 당시가 무오년이었고, 이해에 선비[士]가 화(禍)를 입었다고 해서 '무오사화'라 하지요.

**이대로 변호사**　　으음, 그랬군요. 그런데 그 '조의제문'이라는 것이 무엇입니까? 어떤 것이기에 사화까지 몰고 온 것인가요?

**부관참시**

이미 죽은 사람이 사망한 후에 큰 죄가 드러났을 때, 극형에 처하는 것을 말합니다. 시신을 무덤의 관에서 꺼내 참수하는 것으로 다시 한 번 명예에 손상을 입히는 것이지요.

**김일손**　'조의제문'이란 '의제를 조문하는 글'이라는 뜻이지요. 의제란 중국에서 진나라가 멸망하고 초나라와 한나라가 패권을 다투던 시절, 초나라의 항우가 황제로 세웠던 어린 임금입니다. 하지만 항우는 나중에 의제가 방해가 된다고 여겨 살해해서 호수에 던져 버렸지요. 그 의제의 슬픈 운명을 애도하는 내용이지요.

**이대로 변호사**　음, 그러면 별로 문제될 것도 없는 듯한데……?

**김일손**　그것이 사실 단종을 의제에 빗대고 세조를 항우에 빗대어 단종을 추모하고 세조를 비난하는 글이라는 것이었죠. 정말 김종직 선생님이 그런 뜻에서 '조의제문'을 썼는지도 모릅니다. 하지만 그렇지 않을 수도 있는데, 무작정 불경해 보인다는 이유로 선비들을 숱하게 죽이다니……. 이미 돌아가신 김종직 선생님은 **부관참시(剖棺斬屍)**의 치욕을 당하셨죠. 그야말로 언론의 자유를 좁쌀만큼도 보장하지 않는, 폭압정치가 아닐 수 없었어요. 소통이 가능한 세상이라면 있을 수가 없는 일이었죠.

**이대로 변호사**　으음, 훈구파들은 정말 심한 짓을 했군요! 사화는 그때 한 번으로 그쳤나요?

**김일손**　천만에요! 같은 연산군 때 이번에는 성종의 왕비이자 연산군의 생모인 윤씨를 폐위했던 일에 관계된 사람을 중심으로 '갑자사화'가 일어났죠. 연산군의 포악함에 견디다 못한 신하들이 반정(反正)을 하여

조선 전기의 성리학자 김종직

중종 임금이 섰지만, 이번에는 중종을 세운 대신들이 새로운 훈구파가 되어서 선비들을 못살게 굴었어요.

그래서 선비의 모범이라고 할 수 있는 조광조를 비롯한 선비들을 해친 '기묘사화'가 일어났고, 다음 임금인 명종 때에도 최악의 간신 윤원형에 의해 '을사사화'가 있었답니다.

**이대로 변호사**　　정말 선비들에게는 견디기 힘든 시절이었을 것 같습니다. 그러면 사화의 피해는 선비들에게만 그쳤다고 봐야 할까요?

**김일손**　　표면적으로요. 하지만 바른말을 하는 사람이 모두 없어지면 정치가 어떻게 되겠습니까? 최악의 권력 남용과 부정부패가 벌어져도 어쩔 수 없어지고, 그것은 결국 백성에게 부담으로 돌아오죠. 훈구파들의 악행이 절정에 달했던 명종 때는 윤원형 등이 욕심을 채우느라 지방에서 한양으로 뇌물을 가득 실은 배가 정기 운행했다니, 나라 꼴이 말이 아니었죠.

그 뇌물이 다 어디서 납니까. 백성의 고혈을 짜서 나오는 것 아닙니까. 그래서 당시 임꺽정이라는 도적이 나타나서 한참 시끄러웠는데, 선비들도 도둑질은 나쁘지만 이해는 간다고들 말했어요. 먹고 살 수가 없는데 누군들 도둑질을 안 하겠냐면서요. 그리고 정말 큰 도둑은 임꺽정이 아니라 한양에 도사리고 있는 윤원형이라고들 입을 모았죠.

**이대로 변호사**　　그렇군요. 결국 선비들에 비해 실용적 지식이 뛰어남을 자처하는 훈구파가 집권했을 때는 나라 살림이 나아지기는커녕 백성만 죽어났던 거네요?

**구한말**
조선 말기에서 대한 제국까지의
시기를 말합니다.

김일손   그렇죠. 그리고 선비가 세상 물정을 모른다고
하는데……. 물론 좀 이상에 치우치는 경향은 있습니다.
하지만 왜란과 **구한말**의 의병장도 선비고, 조선 후기의 실
학자들도 선비 아닙니까? 그걸 보면 선비라고 해서 행동
력이 떨어지거나 실용적 지식을 외면한다고는 할 수 없어요.

그보다 중요한 것은, 정치를 잘할 수 있는 기술이 아니라 잘하려
는 마음이 아닐까요? 훈구파는 기술은 어땠는지 몰라도 마음이 없
는 사람들이었죠. 그들이 생각하는 것은 오직 사리사욕뿐, 자신의
부와 권력을 늘리는 일뿐이었으니까요. 그에 비해 사림파는 다소 답
답하고 공리공론을 일삼는 것 같지만, 누구보다 깨끗한 정치를 하기

위해 언제나 자신을 채찍질했습니다. 그래서 조선이라는 나라가 수백 년을 이어 갈 수 있었던 게 아닌가 생각해요. 위정자들이 늘 반성하는 자세를 가지고 있었기 때문에!

**이대로 변호사**   정말 좋은 말씀, 잘 들었습니다. 제 마음이 다 후련해지네요! 이상으로 질문을 마치겠습니다. 감사합니다.

**판사**   원고 측, 질문하시겠습니까?

**김딴지 변호사**   물론입니다. 자, 김일손 증인? 듣다 보니 증언을 교묘하게 축소해서 하시더군요.

**김일손**   네?

**김딴지 변호사**   '조의제문'만이 문제가 되어 무오사화가 일어났다고 하셨잖습니까? 그러나 실제로는 그것뿐이 아니었지요. 단종이 살해되고 강물에 버려져 물고기밥이 되었다는 항간의 뜬소문이랑, 세조가 그 며느리를 건드렸다는 뜬소문조차 버젓한 사실인 양 실록에 쓰지 않았습니까?

**김일손**   아, 그건…….

**김딴지 변호사**   그렇게까지 조상을 모욕하는데 가만히 있다면 말도 안 되죠. 게다가 확실한 사실이라면 모르되, 그냥 뜬소문에 불과한 것을 사실처럼 쓰시면 어떡합니까? 역사는 철저한 진실의 기록이 되어야 하지 않나요?

**김일손**   에, 그렇지요. 하지만…….

**김딴지 변호사**   네, 왜 그러셨는지 알고 있습니다. 바로 그 '선비 정신'이라는 것 때문이죠. 의로운 것을 높이고, 불의한 것을 낮춘다! 그래서 때로는 사실을 좀 왜곡해서라도 의롭다고 믿는 것을 내세우려는 기질이 있지 않으십니까?

**김일손**　　음, 그렇다고 해도 선비들을 수없이 잡아 죽이는 사화가 정당화된다고는…….

**김딴지 변호사**　　물론 비극적인 일이었죠. 하지만 어느 정도 빌미를 제공하셨고, 그 수단은 결코 떳떳했다고는 할 수 없습니다. 사실 기묘사화 같은 경우에도 조광조 등이 지나치게 명분만 앞세우며 자신들을 제외한 사람을 마구 소인배로 몰던 끝에 일어난 것이지요.

**김일손**　　…….

**김딴지 변호사**　　선조 이후 수립된 사림파의 정치라는 것을 봐도 그렇습니다. 그 문제점은 아까 증인 한명회도 지적했지만, 사림파는 훈구파를 쓰러뜨리자마자 당쟁으로 분열했는데 그 분열의 원인이라는 게 도통 시시하거든요. 누구누구는 훈구파의 집에 드나든 적이 있느니, 없느니. 왕이 죽으면 대비가 상복을 1년 입어야 하느니, 3년 입는 게 맞느니…….

무슨 복지를 늘리자, 아니다 성장에 힘쓰자, 이런 식의 정책으로 당파가 갈리는 것이라면 모르겠지만, 별 문제될 것도 없는 것을 가지고 당파를 나누니 문제가 되는 것 아니겠습니까? 그리고 서로 말싸움에 그친다면 모르겠지만 상대 당파를 죽이고, 귀양 보내고…….
그토록 비판하던 사화나 마찬가지의 일을 선비들 스스로 저질렀잖습니까?

그러느라 나라는 쇠약해지고, 백성들은 굶주리고, 결국 나라가 송

두리째 다른 나라에게 넘어가는 일로 끝났죠! 어떻습니까? 이래도 사림파가 훈구파보다 우월하다고, 선비야말로 올바른 정치를 할 수 있다고 주장하시겠습니까?

김일손   으으음……. 어떤 면에서, 면목없습니다. 말씀하신 문제점, 인정합니다. 물론 다 정치를 잘해 보자고 하던 끝에 나온 문제점입니다만, 그 때문에 나라와 백성에게 돌아간 피해는 변명할 수 없을 것입니다.

하지만, 하지만 말입니다. 저는 아직도 믿고 있습니다. 비록 시행착오가 있고 문제점을 낳는다 해도, 정치의 근본은 마음이라고요. 잘해 보겠다는, 백성에게 도움이 되는 정치를 해야 한다는, 옳지 않은 일에 대해서는 목숨이라도 바쳐 막겠다는, 그런 마음이 무엇보다 중요하다고요!

저기 앉아 계신 사육신 어른들, 살아서도 존경했고 저승에 와서도 존경하고 있습니다. 저분들이야말로 저희 모든 선비들의 모범이요, 스승이라고 하겠습니다. 한 조각의 순수한 마음으로 현실 정치의 벽에 부딪쳤던 분들, 그래서 고귀한 목숨을 버리신 분들이니까요.

반대편에는 그분들을 고문하고 죽인 분이 원고석에 앉아 계시는 군요. 그리고 그분을 변호하기 위해 그분의 왼팔과 오른팔이었던 신숙주, 한명회가 증인으로 다녀갔다죠. 저 사람들은 마음보다는 실리가 더 중요하다 여긴 사람들입니다. 때로는 그럴 필요가 있음을 인정합니다. 하지만 그런 때는 아주 특별합니다. 그리고 아주 특별한 때라도 원칙을 한번 굽히고 나면, 정치가 아니라 폭압이 초래되는 경우가 많습니다.

사육신의 후예들, 세조와 그 공신들의 후예들은 언제나 있었습니다. 지금 세상의 정치 세계에도 있을 것입니다. 과연 누구의 말이 더 옳고 누가 더 가치 있는 존재인지, 그 판단은 여러분께 달려 있습니다. 그러면 이 미련한 사람의 증언은 이만 마쳤으면 합니다.

판사의 허락이 떨어지자 김일손이 증인석을 내려갔다. 그 뒷모습을 바라보고 있던 김딴지 변호사가 주위를 한번 돌아보며 말을 시작했다.

**김딴지 변호사**　　존경하는 판사님, 그리고 방청객 여러분, 저는 원고 측 변호인으로서 이 말은 꼭 해야겠습니다. 제가 더 이상 증인의 증언에 토를 달지 않은 것은 이 재판과 무관한 일이기 때문입니다. 훈구파의 형성이 세조 등극 때 공신들로부터 시작된 것이라고 하지만, 훈구파와 사림파로 나뉘어 싸움을 일삼고, 그 때문에 사화로 많은 이의 목숨을 앗아가고, 백성들의 삶이 힘들어졌던 것은 세조 시절에 일어난 일이 아니라는 점을 분명히 하고 싶습니다.

**판사**　　잘 들었습니다. 자, 그러면 이것으로 세 번째 재판의 변론을 모두 마치겠습니다. 잠깐 휴식을 취한 후, 양측의 최후 변론이 이어질 것입니다.

# 조선의 중앙 통치 체제와
# 지방 행정 조직

### ● 중앙 통치 체제

조선 시대는 중앙 관직인 경관직과 지방 관직인 외관직으로 나눠져 있었습니다. 경관직은 국정을 총괄하는 의정부와 그 밑에 왕의 명령을 실행하는 행정 기관인 6조를 중심으로 구성되었습니다.

의정부와 6조의 관리들은 중요 정책에 관해 회의에서 서로 논의하였으며, 경연에서 정책을 협의하였지요.

한편 사헌부, 사간원, 홍문관의 삼사를 두었는데, 이곳에서는 왕의 정책을 비판하고, 벼슬이 높은 관리들의 부정부패를 감찰하는 등 객관적인 언론의 기능을 담당하였습니다.

그래서 이들의 언론은 왕이라도 함부로 막을 수 없었는데, 이처럼 삼사의 기능이 강화된 것은 권력이 집중되는 것을 막고 정치가 공평한 절차에 따라 이루어지기 위해서였습니다.

조선에는 이 밖에도 왕명을 출납하는 승정원, 국가의 죄인을 다스리는 의금부, 서울의 행정과 안전을 담당하는 한성부, 역사서를 편찬하고 보관하는 춘추관, 최고의 교육 기관인 성균관 등이 있었습니다.

### ● 지방 행정 조직

조선은 전국을 8도로 나누고, 작은 규모의 군현을 통합하여 전국적으로 약 330여 개의 군현을 두었습니다. 특히 고려 시대에는 특수 행정 구역으로 지정돼 있던 향, 부곡, 소를 일반 군현으로 승격시켜 운영하였지요.

정부는 군현에 수령을 파견해 주민들을 직접 다스렸으며, 이에 따라 향리의 권한은 약화되었습니다. 이들 수령은 왕의 권한을 대신한 관리로 해당 군현에서 행정, 사법, 군사적 권력을 행사할 수 있었지요.

한편, 수령의 비행을 견제하고 백성들의 생활을 살피기 위하여 전국 8도에 관찰사를 파견하였고, 수시로 암행어사를 군현으로 보내 감찰을 시행하기도 하였습니다.

특히 지방에는 향소(향청)를 운영하여 지방민의 자치를 허용하였으며, 한양에는 경재소를 두고 유향소를 관리하는 한편, 정부 사이의 연락을 긴밀히 유지하였습니다.

왜 수양 대군은 왕의 자리를 빼앗았을까?

**다알지 기자**

　다알지 기자입니다. 오늘은 그동안 화제를
모았던 수양 대군 대 사육신의 재판 마지막 날이
었습니다. 오늘 재판은 그야말로 '이상이냐, 현실이냐'
의 대결이었다고 해도 과언이 아닙니다. 원고 측 증인으로 나온 한명
회는 세조 집권의 현실적인 타당성과 세조의 업적을 제시했고, 피고
측 증인인 김일손은 현실 논리만으로 가려질 수 없는 근본적 가치의
중요성을 주장했습니다.

　그럼 이번에는 방청석에 앉아 이 재판을 지켜보신 방청객 두 분을
모시고 이야기를 나눠 보겠습니다. 재판의 결과를 어떻게 예상하시는
지요?

**나현실**

저는 원고가, 그러니까 수양 대군이 이길 것 같아요. 아무래도 사람이 살자면 이상도 좋지만 우선 현실을 중요시해야 되지 않겠어요? 그리고 '이상'만 외치는 사람들도 보면 위선적인 경우가 많더라고요. 이번 재판에서도 보면 사육신이나 그 뒤를 이은 선비들이나, 반드시 옳은 일만 하지는 않았잖아요. 명분과는 조금 거리가 있다 하더라도 능력 있는 사람 편을 들어줘야 할 것 같아요.

정이해

음⋯⋯. 아주 팽팽하게 진행된 재판이라서
누구 손을 들어주는 게 나을지 고민되네요. 양측
의 주장 모두 일리가 있고요. 하지만 굳이 생각하자면
피고 측이 이겼으면 해요. 사육신이 알려진 것처럼 순수하기만 한 사
람들이 아니라는 걸 이번에 알게 되었을 때 처음에는 환멸을 느꼈죠.
하지만 좀 더 생각해 보니 그만큼 인간적이지 않나 싶더라고요. 성삼
문의 말처럼 불완전한 인간이면서도 이상과 원칙을 지키려 노력하는
모습이 아름답다고나 할까요. 그들에게 주어진 명예를 빼앗고 싶지는
않군요.

## 조선의 안정을 위해 왕이 된 것이오
### VS
## 왕위를 찬탈한 수양 대군은
## 명백히 법도를 어겼소

**판사**　자, 양측 모두 휴식 시간 동안 생각을 정리해 보셨는지요? 최후 진술은 판결을 내기 전, 마지막으로 각자의 입장을 주장하는 자리인 만큼 양측 모두 신중을 기해 발언해 주시기 바랍니다. 그러면 최후 진술을 듣기로 하죠. 먼저 원고부터 발언해 주십시오.

**수양 대군**　존경하는 판사님과 배심원, 그리고 방청객 여러분! 저는 세상에서 가장 위대한 아버지를 두었던 사람입니다. 바로 세종 대왕이시죠. 그러나 저는 첫째가 아닌 둘째 아들이었습니다. 그래서 장자 상속의 원칙에 따라 형에게 왕위가 계승되는 것을 지켜봐야 했습니다.

　　형인 문종은 훌륭한 왕이 되실 자질을 갖춘 분이었지만 너무도 병약하셨지요. 끝내 얼마 가지 않아 어린 아들, 제 조카에게 왕위를 물려주고 세상을 떠나고 말았습니다.

그리고 세상은, 아바마마 세종 대왕께서 그렇게 훌륭하게 안정시켜 놓으신 세상은 순식간에 어지러워졌습니다. 종친에서 대신까지 왕위를 노리고 음모를 꾸미는 사람들이 버글거렸고, 북쪽의 오랑캐들도 호시탐탐 기회를 노리고 있었습니다.

저는 이해할 수 없었습니다. 최고 통치자는 가장 적임자가 맡아야 하는 것이 진짜 원칙이 아닐까? 세종께서도 셋째 아들의 몸으로 즉위하여 성군이 되시지 않았던가? 왜 장자 상속이라는 원칙에 얽매여야만 하나? 그래서 연속으로 몸이 약하거나 나이가 어린 임금이 막중한 책임을 맡음으로써 태평성대가 순식간에 난세로 바뀌도록 두어야 하나?

결국 저는 결단했습니다. 이를 악물고 형제를 해치고, 조카를 몰아내고, 세종께서 아끼던 신하들을 저승으로 보냈습니다. 저도 인간입니다. 결코 내 손에 피를 묻히며 행복하지 않았습니다. 밤이면 밤마다 죽은 이들의 망령이 나타나 저를 괴롭혔습니다. 그 때문인지 말년에는 심한 피부병까지 생겨 사는 게 사는 것 같지 않았습니다.

하지만 저는 제 나름대로 옳은 일을 했다고 생각합니다. 실제 가치가 없는 명분에 얽매이지 않고, 어울리는 사람으로서 권력을 갖고 그 권력을 잘 활용했다고 자부합니다. 그런데 나의 반대편에는 어떤 경우라 해도 원칙을 외면할 수는 없다는 사람들이 있습니다. 그들이 벌인 일은 그러면 원칙을 따른 것인지 잘 모르겠습니다만.

세상은 그들을 동정합니다. 저를 손가락질합니다. 그래서 세상을 떠난 지 수백 년이 지난 지금도, 저는 고독합니다. 지금 와서 잘잘못을 가린들 뭐가 달라지겠습니까? 하지만 제가 옳다고 생각했던 일, 이것이 계속해서 비난과 폄하의 대상이 되는 것은 참기 힘듭니다. 부디 저의 진정성을 알아보시고, 현명하게 판단해 주시기 바랍니다.

**이개**    여러분! 저는 사육신의 한 사람인 이개라고 합니다. 잘 알려져 있지 않지만, 사실 저는 저 수양 대군과 친구지간이었습니다. 우리는 나이도 동갑이었고, 공부도 함께 했으며, 비슷한 시기에 관직 생활을 시작했습니다. 따라서 친분으로 보면 사육신 동료들보다 오히려 수양과 더 가까울 정도였습니다.

그런데도 제가 사육신에 참여했으며, 이 자리에서 사육신을 대표하여 최후 진술을 드리는 까닭이 무엇일까요? 그것은 세상에는 포기할 수 없는 가치가 있음을 여러분께 다시 한 번 상기시켜 드리기 위해서입니다. 아무리 배가 고파도 어린아이의 밥을 빼앗아 먹으면 안 됩니다. 아무리 몸이 안 좋아도 중요한 수술을 하던 의사가 집에 가 버려서는 안 됩니다. 아무리 화가 나도 사람을 죽여서는 안 됩니다. 이런 근본적인 원칙, 절대적인 가치가 상황과 현실이라는 이름으로 부정될 때, 모든 악이 시작됩니다.

여러분은 제 친구 수양 대군이 반역을 저지른 배경을 들으셨습니다. 선비들을 없애고 집현전을 폐지한 까닭도 들으셨습니다. 그리고 그 결과 이런저런 좋은 정치를 했다고 자화자찬을 합니다만, 그 이면에는 고단한 백성과 허울뿐인 국격이 있었음도 아셨을 것입니다.

물론 수양이 그렇게까지 악한 사람이라고는 생각하지 않습니다.

자신을 비난하는 죄 없는 조카 앞에 눈물을 쏟을 줄 아는 사람입니다. 그러나 그가 옳다고 생각해서 벌인 일이 옳은 게 되지는 않습니다.

저희는 사육신이니 뭐니 하는 명예를 바라지 않습니다. 명예뿐이라면 제 불쌍한 친구를 위해 양보해 줄 수도 있습니다. 그러나 우리는 원칙을 대표합니다. 시대와 장소를 초월해 정치가 지켜야 할 이상을 대신합니다. 그러므로 우리가 이 재판에서 져서는 안 되는 것입니다.

부디 현실을 넘어, 상황이 상황이니 어쩔 수 없었다는 변명을 넘어, 그 근본적인 이상과 가치를 봐 주시기 부탁드리겠습니다.

**판사**     그동안 모두 수고가 많았습니다. 이제 모든 재판 과정이 끝났습니다. 자신의 뜻과 맞지 않는 결과가 나오더라도 겸허히 승복하며, 내일의 역사를 위한 교훈으로 삼을 수 있기를 바랍니다. 그럼 재판을 마치겠습니다.


땅, 땅, 땅!

역사공화국 한국사법정 재판 번호 25  수양 대군(세조) VS 사육신

---

## 주문

원고 성삼문을 비롯한 사육신의 행동에 대한 동기 및 당시 상황으로서는 세조의 집권이 가장 나은 선택이었을 가능성이 모두 인정된다. 그러나 그것으로는 사육신이 주장하는 정치의 기본 원칙과 가치를 폄하하기에는 부족하다고 여기는 바 수양 대군의 소송을 기각한다.

---

## 판결 이유

재판 과정에서 사육신의 행동이 반드시 순수한 동기에서만 비롯되지 않았을 가능성이 포착되었다. 그러나 그것이 온전히 불순한 동기였고, 사육신은 오직 자신들의 사리사욕을 위해서만 모의를 했다는 증거까지는 발견되지 않았다.

당시 단종이 순조롭게 성장하여 큰 혼란 없이 임금 노릇을 하게 되었을 가능성은 상당히 희박해 보인다. 누군가 정변을 일으켜 대신 왕이 되는 게 불가피했다면, 수양 대군은 가장 나은 대안이었을 수 있다. 그러나 이 모든 가정은 대체로 막연한 가능성일 뿐이며, 실제 역사가 어떻게 전개되었을지 모르는 상황에서 가능성만으로 수양 대군의 쿠데타와 탄압을 정당화할 수는 없다.

사육신의 행동 역시 군주에 대한 신하의 부당한 도전이 아니냐는 시각도 있으나, 그 '군주'의 정당성이 부정된다면 그 시각은 성립되지 않는다. 당시 사육신의 입장에서는 세조의 집권 과정이 전혀 정당하지 않다고 여길 충분한 이유가 있었다.

그렇다면 올바른 군주, 즉 단종을 복위하고자 했을 뿐이라는 사육신의 주장을 부정할 이유도 없다. 그리고 그것은 당시 정치 체제의 근본 원칙인 임금에 대한 충성이라는 원칙에 부응하며, 이들의 실패 이후 벌어진 언론의 탄압과 공신 세력의 강화를 볼 때 실질적으로도 세조의 정치를 긍정적으로 평가하기 힘든 면이 있다.

따라서 본 법정은 수양 대군이 사육신에게 제기한 소송은 이유 없다고 보며, 성삼문 등 사육신은 계속해서 승자들의 마을에서 살아가도록 조치하는 바이다.

역사공화국 한국사법정 담당 판사 공정한

# "단종, 이제 우리 손을 맞잡아 보자꾸나"

여기는 김딴지 변호사 사무실!

어딘지 못마땅한 얼굴을 한 김딴지 변호사는 차를 타서 앞에 앉은 손님에게 건넸다.

"참, 이대로 변호사가 여길 다 찾아오실 줄은 몰랐네요. 그래, 무슨 바람이 불어서 여기까지 오셨답니까? 보기 좋게 이겨 놓고서 패배자가 뭐하고 있나 궁금하셨나요?"

"하하. 무슨 말씀을요. 수양 대군 대 사육신의 재판에서 제가 이기기는 했지만, 반대로 제가 진 적도 많고, 이번에는 아슬아슬하게 이기지 않았습니까?"

"홍, 그러게 말입니다! 아직도 아쉬워 죽겠다니까요! 재판을 돌이켜 봐도 우리 쪽이 불리한 게 없었는데, 운이 안 좋았나 봐요. 안 그렇습니까, 이대로 변호사?"

"음……, 글쎄요? 아무튼 운이 좋지 않았던 것은 사실입니다."

"그렇죠? 이 변호사도 그렇게 생각하시는군요!"

"아니, 제 말은 제가 운이 좋지 않았다는 겁니다. 너끈히 이겨야 할 재판을 아슬아슬하게 이겼으니, 운이 안 좋은 거 아닙니까? 하하!"

"에잇! 뭡니까? 결국 절 놀리려고 오신 거네요! 그러잖아도 기분이 영 안 좋은데……. 그러시려거든 그만 돌아가세요!"

"화내지 마세요, 농담입니다. ……그나저나 최근 역사공화국에 놀이공원이 개장한 것을 알고 계십니까? 아주 인기가 좋다던데요."

"그것도 마음에 안 들어요! 저승의 체면이 있지, 놀이공원이 다 뭡니까? 청룡열차니 바이킹이니 하는 놀이기구 한번 타 보겠다고 천국에서도 지옥에서도 몰려든다죠? 참, 세상이 어찌 되려고 이러는지!"

"자신이 살았을 때에는 놀이공원 같은 것은 생각도 못했던 사람들이 많고, 어린 시절에 이승을 떠난 영혼들도 많다 보니 그럴밖에요. 기분이 나쁘시니까 너그러이 생각을 못하시나 봅니다. 뭘 그렇게까지 분해 하십니까? 이기기도 하고, 지기도 하는 게 재판인데요."

"이긴 분이 보시기에는 그렇겠죠! 그리고 이 변호사와 저는 입장이 다르잖습니까? 이 변호사는 알려진 역사의 상식을 유지하려는 쪽이고, 저는 뒤집으려는 쪽인데, 결국 이전의 평가대로 가는 게 결론이면 재판을 한 의미가 없잖아요? 뭣 때문에 그렇게 힘들여 준비했는지……, 답답하고 분하다니까요."

"그러지 마십시오. 재판을 한 의미는 분명히 있었으니까요. 사실 그 점을 말씀드리려고 제가 여기 온 겁니다."

"그게 무슨 말씀이죠?"

이대로 변호사는 품에서 편지 봉투 하나를 꺼내 김딴지 변호사에게 건넸다.

"한번 읽어 보십시오. 무슨 말인지 아실 겁니다."

"이게 뭐죠? ……이대로 변호사님 귀하, 보낸 사람은…… 수양 대군? 뭐야, 이 사람? 자기를 위해 애쓴 사람한테는 수고했다는 말 한마디뿐이더니, 이 변호사에게는 편지를 보내요? 에이! 처음부터 마음에 안 들더라니! 이 사건 맡지 말 걸 그랬어!"

"그러지 마시고, 무슨 내용인지 어서 읽어 보세요."

김딴지 변호사는 이맛살을 찌푸린 채 봉투의 내용물을 꺼냈다. 그런데 봉투 안에는 편지가 아니라 다름 아닌, 사진 한 장이 들어 있었다. 순간 놀란 표정을 짓던 김딴지 변호사는 차츰 얼굴빛이 부드러워지더니 이내 고개를 끄덕였다. 그리고 안경을 벗고 눈물을 살짝 훔쳤다.

사진은 바로 놀이공원에서 찍은 수양 대군과 단종, 두 사람의 모습이었다. 한 손에는 솜사탕을 들고, 다른 손은 수양 대군의 손을 꼭 잡고 나란히 서 있는 사람은 단종이었다. 수양 대군은 아버지 같은 자상한 미소를 지으며 단종의 어깨를 안고 있었고, 단종은 해맑은 표정으로 활짝 웃고 있었다. 단종의 미소는 세상의 모든 설움도 한도 원망도 잊어버리고 평온한 어린 시절을 되찾은 듯한 웃음이었다.

왜 수양 대군은 왕의 자리를 빼앗았을까?

# 단종의 슬픔을 간직한, 청령포

강원도 영월군 남한강 상류에 가면 배를 타고 가야만 갈 수 있는 육지 속의 작은 섬 청령포를 만날 수 있습니다. 국가지정 명승 제50호로 지정될 정도로 아름다운 경치를 자랑하지만, 청령포에는 짙은 슬픔이 묻어 있답니다. 조선 제6대 왕인 단종이 숙부인 수양 대군에게 왕위를 찬탈당하고 상왕으로 있다가 사육신들의 상왕 복위 움직임이 누설되어 유배된 곳이기 때문이지요.

단종은 문종과 현덕 왕후 권씨 사이에서 태어났으며, 8세에 왕세손에 책봉되었고 10세에 왕세자가 된 인물입니다. 그리고 문종이 일찍 승하하자 단종은 12세의 어린 나이로 왕이 되게 됩니다. 하지만 숙부인 수양 대군이 계유정난을 일으켜 숙부에게 왕위를 물려주게 되었으며, 15세에 상왕이 되어 껍데기만 왕인 인생을 살아야 했지요. 그러다 성삼문 등이 단종의 복위를 꾀하다 발각되어 죽임을 당하는 사육신 사건이 일어나 노산군으로 강봉된 뒤 청령포에 유배되어야만 했답니다. 그해 9월 금성 대군이 다시 단종의 복위를 꾀한 것이 탄로나 단종은 결국 죽음을 강요당하게 됩니다.

이런 단종이 살았던 청령포는 삼면이 물로 둘러싸여 있고, 한 면은 육육봉이라는 험준한 암벽이 솟아 있어 나룻배를 이용하지 않고는 드나들 수 없는 곳이었습니다. 지금은 나룻배가 아닌 동력선으로 청령포를 갈 수 있는데, 배에서 내리면 자갈길을 지나 숲을 만나게 됩니다. 숲 사이로 이어지는 작은 오솔길을 따라가다 보면 2000년에 복원된 '단종어소'로 이어지지요. 『승정원 일기』의 기록에 따라 단종 유배 당시의 거처를 재현한 건물로, 건물 안에는 밀랍인형이 있어 당시의 모습을 보여 주고 있습니다. 단종이 머물던 본채와 궁녀 및 관노들이 기거하던 행랑채가 있지요.

청령포에는 유독 키 큰 소나무들이 많은데, 그중 '관음송'이라 불리는 나무가 있습니다. 단종이 유배 생활을 할 때 두 갈래로 갈라진 이 소나무에 걸터앉아 쉬었다는 이야기를 품고, 단종이 오열하는 울음소리를 밤마다 들었다는 이야기를 가지고 있는 소나무지요.

**찾아가기**  **주소** 강원도 영월군 남면 광천리 산 67-1
**전화번호** 033-370-2657

단종의 모습 재현(밀랍인형)

단종어소(단종어가)

『역사공화국 한국사법정 25 왜 수양 대군은 왕의 자리를 빼앗았을까?』와 관련한 논술 문제를 풀어 봅시다.

※ 다음 제시문을 읽고 물음에 답하시오.

(가) 천만 리 머나먼 길에 고운님 여의옵고

　　내 마음 둘 데 없어 냇가에 앉았으니

　　저 물도 내 안 같아서 울어 밤길 예놋다.

- 왕방연

(나) (ㄱ) 이 몸이 죽어서 무엇이 될꼬 하니

　　봉래산 제일봉에 (ㄴ) 낙락장송 되어 있어

　　백설이 만건곤할 제 독야청청 하리라.

- 성삼문

(다) (ㄷ) 까마귀 눈비 맞아 희는 듯 검노메라

　　야광 명월이 밤인들 어두우랴

　　(ㄹ) 님 향한 일편단심이야 고칠 줄이 이시랴.

- 박팽년

1. (가)는 금부도사 왕방연이, (나)는 성삼문이, (다)는 박팽년이 쓴 시조입니다. (ㄱ)~(ㄹ) 중 (가)의 '고운님'과 같은 존재를 가리키는 것은 무엇인지 쓰고 그 이유를 설명하시오.

---

---

---

---

---

---

---

---

---

---

※ 다음 제시문을 읽고 물음에 답하시오.

(가) 나는 성삼문입니다. 조선 전기의 문신으로 호는 매죽헌이지요. 세조가 단종을 몰아내고 왕위에 오르자 아버지 성승, 박팽년 등과 함께 단종의 복위를 협의하였지요. 수양 대군이 왕이 되었지만 나에게 왕은 단종이셨으니까요. 선왕이신 문종의 아들로 왕위에 오르신 단종이야말로 정통성을 잇는 조선의 왕이라고 생각합니다. 물론 단종이 어린 나이이시긴 했지만, 그렇다고 왕이

아닌 것은 아니었죠. 그런데 (……) 원통하게도 모의에 가담했던 김질이 이를 밀고하고 맙니다. 결국 이개, 하위지, 유응부 등과 함께 체포되어 처형당하게 되었지요.

(나) 나는 신숙주입니다. 나 역시 조선 전기의 학자로 성삼문과 함께 집현전에서 동고동락을 하기도 했습니다. 그런데 세조가 즉위하고 나서는 우리의 길이 달라졌습니다. 나는 강력한 왕이 있어야 나라와 백성도 편할 거라 생각했습니다. 그래서 세조를 적극 보좌하여 우의정, 좌의정, 영의정 자리에까지 오르게 되었지요.

2. (가)는 성삼문의 말을 가상으로 쓴 것이고, (나)는 신숙주의 말을 가상으로 쓴 것입니다. (가)와 (나) 중 한 사람의 입장을 옹호하는 글을 이유와 함께 쓰시오.

-------------------------------------------------

-------------------------------------------------

-------------------------------------------------

-------------------------------------------------

-------------------------------------------------

-------------------------------------------------

-------------------------------------------------

-------------------------------------------------

왜 수양 대군은 왕의 자리를 빼앗았을까?

**해답 1** (가)는 왕방연이 청령포를 바라보면서 읊은 시조입니다. (나)는 사육신 중에 한 명이었던 성삼문이 쓴 시조로, 의를 어기고 욕되게 사는 것보다도 죽음의 길을 택하여 늙지 않는 영원한 소나무로서 절개를 지키고 살겠다는 마음을 표현하였지요. (다)는 세조가 즉위하자 경회루 연못에 뛰어들어 목숨을 끊으려고 했던 박팽년이 쓴 시조입니다.

(가)에서 '고운님'은 단종을 가리킵니다. 그리고 ㉠은 '성삼문' 자신을 가리키고, ㉡도 죽은 뒤의 성삼문 자신을 가리킨다고 볼 수 있습니다. (나)의 ㉢은 '불의'를 상징하며 이와 반대되는 말로 '명월'을 들 수 있습니다. 하지만 ㉣은 일편단심을 보내는 대상이 되므로 (가)의 고운님처럼 단종을 가리킨다고 볼 수 있습니다.

**해답 2** (가)의 성삼문의 입장을 옹호합니다. 조선의 통치 바탕이 된 유교의 기본인 '삼강오륜'에는 '군신유의'라는 덕목이 있습니다. 조선의 왕과 신하 사이에 의리가 있어야 한다는 말입니다. 따라서 그 의리를 지키고자 했던 성삼문이 훌륭한 신하라고 생각합니다. 또한 힘이 강한 사람이 왕이 될 수 있다면 왕이 되고자 하는 자들에 의해 궁궐은 늘 전쟁터가 되고 말 것이라는 점을 생각할 때 수양 대군의 행동은 옳지 않다고 생각합니다.

* 해답은 예시로 제시된 내용입니다.

역사공화국 한국사법정 25

## 왜 수양 대군은 왕의 자리를 빼앗았을까?

© 함규진, 2011

초   판 1쇄 발행  2011년 4월 11일
개정판 1쇄 발행  2013년 6월 27일
       7쇄 발행  2023년 5월 1일

지은이     함규진
그린이     이주한
펴낸이     정은영

펴낸곳     (주)자음과모음
출판등록   2001년 11월 28일 제2001-000259호
주소       10881 경기도 파주시 회동길 325-20
전화       편집부 (02) 324-2347  경영지원부 (02) 325-6047
팩스       편집부 (02) 324-2348  경영지원부 (02) 2648-1311
이메일     jamoteen@jamobook.com

ISBN 978-89-544-2325-0 (44910)